8° Lk 2298

ESSAI HISTORIQUE

SUR

COUTANCES

PAR M. RENAULT,

MEMBRE DE L'ACADÉMIE ROYALE DE CAEN, DE LA SOCIÉTÉ DES ANTIQUAIRES
DE NORMANDIE,
DE LA SOCIÉTÉ FRANÇAISE POUR LA CONSERVATION DES MONUMENTS HISTORIQUES,
DES SOCIÉTÉS ACADÉMIQUES DE FALAISE ET DE BAYEUX,
INSPECTEUR DE L'ASSOCIATION NORMANDE.

SAINT-LO,

ELIE FILS, IMPRIMEUR, RUE DES PRÉS.

M DCCC XLVII.

ESSAI HISTORIQUE

SUR COUTANCES.

L'histoire de Coutances est tout entière dans celle de la Normandie ; aussi, dans l'Essai historique, succinct et rapide que nous allons offrir, nous ne retracerons pas la suite des événements qui la composent; nous dirons seulement les faits historiques anciens, ceux du moyen-âge et de la renaissance auxquels Coutances se rattache; nous rappellerons les diverses vicissitudes dans les longues guerres civiles ou étrangères où souvent son nom se trouva mêlé, et nous ajouterons quelques détails de localité que l'histoire générale de la province a dû négliger. Les sources où nous puiserons seront nos chroniques normandes, nos historiens normands et français, anciens ou modernes, et quelques manuscrits locaux, mais authentiques.

Coutances est assise sur un mamelon de granits syénitiques, entourée de sites pittoresques, de riants vallons et de côteaux qui offrent de charmants paysages. La rivière de Soule traverse un de ses faubourgs et coule ensuite, pendant une lieue et demie, dans un canal jusqu'au pont de la Roque, où elle verse ses eaux à la mer.

Cette ville fut jadis la capitale du Cotentin, ce pays si riche de souvenirs historiques, et qu'on vit se couvrir au moyen-âge d'abbayes que fondèrent de pieux châtelains, et de châteaux forts qu'élevèrent de puissants barons. Aujourd'hui, siége d'un évêché, Coutances est le chef-lieu judiciaire de la Manche et le chef-lieu administratif de l'un des arrondissements de ce département.

Coutances faisait partie de la Gaule celtique; elle était une des villes principales de la tribu des *Unelles (Unelli)* et s'appelait alors *Cosedia*. Lorsque César pénétra dans les Gaules pour en faire la conquête, cinquante ans environ avant J. C., il envoya un de ses lieutenants Quintus Titurius Sabinus avec trois légions pour soumettre les Unelles et Cosedia, leur ville (1). Ce fut, si l'on en croit une ancienne tradition, à peu de distance de Cosedia que Viridovix, choisi par les Unelles

---

(1) Commentaires de César, liv. 3.

pour leur chef, et à qui ils avaient confié une nombreuse armée, offrit le combat à Sabinus. Celui-ci, maître d'une position avantageuse, et fort aussi de la vieille expérience des soldats romains, défit Viridovix et remporta une victoire décisive qui fut suivie de l'entière soumission des Unelles. Alors, Cosedia et le pays dont elle dépendait passèrent sous la domination romaine et furent compris dans la province lyonnaise dont Lyon devint le chef-lieu. Sous Dioclétien, une subdivision les mit dans la deuxième Lyonnaise qui eut Rouen pour métropole. Ce pays fut, comme tout le reste de la Gaule, soumis à la législation romaine qu'il n'abandonna que quand les Normands y substituèrent leurs lois non moins sages que celles de Rome, lois qui devinrent l'origine de cette Coutume de Normandie que le temps et l'expérience firent nommer *la sage Coutume*.

Après la conquête, le nom des empereurs fut souvent donné par reconnaissance, et le plus souvent par flatterie, à plusieurs villes gauloises, qui abandonnèrent leur ancienne dénomination celtique. Ainsi, *Cosedia* échangea son nom pour celui de *Constantia, Constance,* du nom de l'empereur Constance Chlore qui dut fortifier cette ville vers l'an 296 de J.-C. (1).

Les Romains établirent dans le pays des camps ou retranchements militaires. Sabinus devait occuper celui de Mont-Castre, placé à l'extrémité d'une montagne, et d'une étendue suffisante pour contenir trois légions. On peut encore voir son pourtour bien conservé, à peu de distance de la Haye-du-Puits, sur les communes de Lithaire et du Plessis (2). D'autres vestiges de campements, situés dans les landes de Laulne (3), paraissent indiquer la position qu'occupaient les Gaulois (4). Ils eurent aussi des camps littoraux, situés près des baies où les Saxons pouvaient débarquer, et sur des points élevés, afin de découvrir au loin l'arrivée de l'ennemi. C'est ainsi que le camp de Montchaton, *Mons Catonis*, appelé *camp de César*, placé sur une haute colline, près du pont de la Roque, gardait l'embouchure des deux rivières, la Sienne et la Soule.

La domination romaine, quoique injuste et fondée seulement sur un esprit de conquête, s'exerça utilement pour les peuples vaincus. La *Cosedia* des Gaulois devint une des places d'armes des Romains, qui l'agrandirent et y firent camper leurs légions, soit pour défendre le littoral, soit comme un rempart contre les provinces rebelles ou comme un renfort utile et toujours prêt à secourir la Grande-Bretagne, pays conquis aussi, mais que sa position au-delà des mers rendait plus difficile à soumettre aux lois de l'empire.

(1) Orderic Vital, liv. 5.
(2) Communes de l'arrondissement de Coutances.
(3) Commune de l'arrondissement de Coutances.
(4) Archives normandes, t. 1ᵉʳ, p. 101 et 102.

Une notice des dignités de l'empire, une sorte d'almanach impérial, nous indique quelles étaient les hautes fonctions de l'Etat dans l'ordre civil et dans l'ordre militaire, et quelle était la résidence des fonctionnaires et celle des commandants de cohortes, échelonnées le long des côtes, et sur les frontières pour la défense des provinces. D'après cette notice, Coutances était la résidence de la première légion flavienne et de son chef, *præfectus militum primæ flaviæ* Constantia. Mais cette cohorte, destinée à garder les côtes, n'avait probablement qu'un dépôt dans la ville ; car un autre passage de cette notice nous apprend que trois cohortes tenaient garnison dans la deuxième lyonnaise et dans la troisième, et que l'un des commandants résidait alternativement à Bayeux et à Coutances, *præfectus Lætorum, Batavorum et Gentilium Suevorum* Bajocas *et* Constantiæ *Lugdunensis secundæ* (1).

On sait que les grandes routes romaines passaient toujours par les villes capitales des peuples, et qu'elles se comptaient en partant des villes qui dominaient sur un territoire. Ainsi, plusieurs voies traversaient le pays, et l'une d'elles, la principale, qui dans certains endroits porte le nom de *chemin perré*, et qu'on peut encore parcourir dans plusieurs communes, venait aboutir à Coutances. Elle partait de *Coriallum*, aujourd'hui Cherbourg, où les Romains avaient une station, un établissement important, dont l'existence a été révélée par la découverte qu'on a faite, dans la ville et dans les environs, de ruines d'anciennes habitations, dans lesquelles on a trouvé des médailles, des tuiles romaines et des débris de poterie fine ornée de figurines, représentant des divinités romaines. Ensuite, cette voie passait par *Alauna*, *Alaume*, près de Valognes, où l'on a aussi reconnu les ruines et l'emplacement d'une ville offrant tous les caractères d'une ville romaine, et qui prouvaient assez qu'un proconsul ou premier magistrat y faisait sa résidence ; après avoir traversé la chaussée de Pierrepont, Saint-Nicolas-de-Pierrepont, Bolleville, La Haye-du-Puits, Angoville-sur-E, Lessay, Le Bigard, Montsurvent, La Vendelée, Gratot, elle arrivait à Coutances près de l'Ecoulanderie, et elle se continuait jusqu'à *Condate*, aujourd'hui Rennes, en traversant *Fanum Martis*, Saint-Pair près Granville, et *Ingena*, Avranches.

Les Romains cherchèrent toujours à s'assurer la soumission des peuples qu'ils avaient conquis, en les faisant participer aux bienfaits de leur civilisation avancée. Ils avaient compris que l'eau est un des premiers besoins qu'on doit satisfaire.

---

(1) Dom Bouquet, t. 1ᵉʳ, p. 122 et 128. Lorsque les Francs se répandirent dans les Gaules, devenues provinces romaines, afin de s'y établir, on permit à quelques-unes de leurs peuplades de posséder des terres sous le nom de *lètes*, ou colons à moitié, ainsi nommées du mot gaulois *leath* ou *leth*, moitié ou partage. Cette mesure s'appliqua à d'autres peuplades désignées dans la Notice de l'empire et dans les anciens écrivains sous le nom *Suevi*, *Teutones*, *Gentili*, *Batavi*, etc., etc.

Aussi n'épargnaient-ils aucuns soins, aucune dépense, pour amener dans leurs villes des eaux abondantes et salubres. Les provinces, les plus éloignées du centre de l'empire, étaient, à cet égard, aussi bien traitées que les plus rapprochées de Rome. Coutances était alors un point trop important pour que ses conquérants n'eussent pas la pensée de la doter des eaux nécessaires à ses besoins, comme les autres cités gallo-romaines. D'après l'opinion la plus généralement admise, ce serait l'empereur Constance Chlore qui, après avoir fortifié Coutances et y avoir placé une garnison, aurait procuré de l'eau à la ville au moyen d'un aqueduc qu'il aurait fait construire. Les arcades de l'aqueduc, telles qu'on les voit aujourd'ui, ne sauraient être regardées comme remontant aux temps romains; et une assertion semblable ne pourrait être faite que par des hommes qui n'ont jamais vu de murailles gallo-romaines (1). L'aqueduc de Constance Chlore, comme tous les autres monuments que les principales villes de la Gaule devaient au gouvernement riche et puissant des Romains, fut anéanti par les hordes barbares qui, plus tard, portèrent partout la ruine, le pillage et la destruction. Alors périrent beaucoup de précieux édifices que le temps eût respectés pendant plusieurs siècles encore; et de ce nombre furent les aqueducs et toutes les constructions d'utilité publique.

Lorsque la domination des Francs se fut constituée d'une manière plus solide et plus durable, les villes se rééditfièrent; les besoins communs à tous les hommes réunis en société se reproduisirent, et il fallut y pourvoir de nouveau. Il est probable qu'alors les aqueducs romains, encore susceptibles d'être utilisés, furent soigneusement conservés et même réparés. C'est ce que fit pour celui de Coutances, vers le milieu du XIIIe siècle, la maison Foulques Paisnel, l'une des plus illustres de la Normandie. Les arcades à plein-cintre avant leur restauration, furent refaites dans le genre ogival. Philippe-le-Hardi, roi de France, confirma, en l'année 1277, plusieurs donations que firent des habitants de Coutances pour le rétablissement des fontaines de la ville; et le Roi lui-même (2) dut donner pour cet objet des maisons et des terres situées dans le village de Saint-Nicolas. L'entretien de l'aqueduc, confié d'abord à un fontainier, *curator aquarum*, le fut ensuite aux religieux dominicains qui, montrant peu d'empressement à pourvoir aux réparations, furent condamnés, en 1570, par une sentence du bailliage de Coutances, à faire les travaux nécessaires (3). Mais dans le XVIIe siècle, l'aqueduc cessa d'être entretenu; les canaux depuis se sont détériorés, et aujourd'hui cet aqueduc ne présente plus qu'une belle ruine d'un effet pittoresque.

---

(1) Cours d'antiq. monumentales de M. de Caumont, t. 3, p. 209.
(2) Demons, Hist. mss. sur Coutances, p. 167.
(3) Demons, Hist. mss., p. 53 et 54.

Après la cathédrale, c'est le seul monument ancien que la ville puisse offrir à la curiosité des étrangers (1).

Les eaux que l'aqueduc conduisait dans la ville venaient de la fontaine de l'*Ecoulanderie* tomber dans un réservoir nommé *repos, receptacula*, passaient sur les arcades et se rendaient dans un endroit appelé la *Croute* ou le *Clos aux Moines*. Ensuite elles se jetaient dans un regard ou château d'eau, *castellum aquæ*, placé devant la cathédrale, d'où elles se distribuaient dans plusieurs quartiers de la ville (2). Le chemin qui conduit à l'aqueduc porte le nom de rue des Piliers, *iter ad pilarios* (3).

L'aqueduc n'était pas le seul monument utile que Coutances dût à la civilisation romaine. On sait que les empereurs qui voulurent se rendre populaires établirent à Rome des bains publics à l'usage du peuple. Les villes qui furent soumises aux lois de l'empire, et qui en adoptèrent les institutions et les usages, eurent aussi des bains plus ou moins importants. On admire encore aujourd'hui ceux de ces établissements que le temps a respectés, et qui, après des siècles passés, offrent encore ce caractère de grandeur que les Romains donnaient à leurs ouvrages.

Il y a quelques années, alors qu'on travaillait à l'établissement d'une nouvelle rue que l'autorité municipale de Coutances faisait ouvrir en face du vallon traversé par l'aqueduc, on découvrit des constructions antiques qui furent regardées comme des thermes romains. Les nombreuses médailles, dont plusieurs du haut-empire, les fragments de tuiles, de briques et de ciment romains qu'on trouva dans cet emplacement, rendent assez probable l'opinion que ces constructions pouvaient être des vestiges de bains romains.

Tous ces faits prouvent que, sous la domination romaine, Coutances était une ville importante. Aussi, sous l'empereur Honorius, avait-elle le rang de cité, *civitas Constantia*, et la regardait-on comme la capitale du pays. Quand, plus tard, les métropoles des provinces romaines, comme Rouen, devinrent des archevêchés, et que les villes capitales formèrent des évêchés suffragants, Coutances obtint un rang dans cette hié-

(1) En nous occupant de tout ce qui se rattache à l'aqueduc, nous anticipons un peu sur certains faits; mais c'est afin de ne plus revenir sur ce fait historique, intéressant pour Coutances.

(2) On peut consulter sur l'aqueduc de Coutances un Mémoire inséré dans le Recueil de l'Académie des inscriptions et belles-lettres, t. 16, p. 121, édit. de 1743.

(3) C'est sans doute de ces piles ou piliers qui supportaient les arcades de l'aqueduc que la ville a pris la principale pièce de ses armoiries. Les armes de Coutances sont d'azur à trois piliers ou colonnes d'argent, au chef de gueules chargé d'un léopard d'or, concession que sans doute fit à la ville l'un de nos ducs normands; Hist. de l'Académie royale des inscriptions et belles-lettres, t. 16, p. 127.

rarchie ecclésiastique, comme elle en occupait un dans la hiérarchie administrative des Romains. (1)

Rien ne porte à penser que le christianisme ait été prêché dans le pays avec beaucoup de fruits avant le ve siècle. A la vieille religion des Druides, prohibée sous Auguste et abolie sous Claude, avait succédé le paganisme romain qui domina pendant plusieurs siècles (2). Mais, dans les premières années du ve siècle, la religion chrétienne fit pénétrer sa morale dans la presqu'île du Cotentin, et l'une des premières conquêtes des missionnaires évangéliques dans la contrée fut la conversion de Coutances au nouveau culte. Il paraît que la ville avait été le séjour d'un chef des Druides, et qu'une espèce de temple qu'il avait desservi devint la première église de Coutances, consacrée sous l'invocation de la Vierge Marie. Quelques écrivains ont pensé que ce temple devait occuper l'emplacement où depuis fut bâtie la chapelle Saint-Floxel, qui prit ensuite le nom de chapelle Saint-Maur, d'où une rue voisine a reçu son nom. Le premier monument certain de la puissance ecclésiastique dans Coutances consiste dans une souscription que Léontien, qu'on regarde comme le 3e évêque de cette ville, apposa de sa main aux actes d'un concile tenu à Orléans, en l'année 511 (3), et qui est ainsi conçue : *Leontianus episcopus ecclesiæ Constantiæ subscripsi.*

Nous touchons à une époque assez obscure des annales coutançaises, et l'histoire, sous les rois francs, ne paraît pas s'occuper de cette cité. Pour réunir quelques faits, peut-être faudrait-il des recherches minutieuses que n'exige point un résumé. On sait seulement que Coutances et le pays dont elle était une des principales villes firent partie de l'empire des enfants de Clovis, et furent compris dans la Neustrie ou nouvelle France, *Neustria Francia quæ dicitur nova*. Plus tard, ce pays figura sous le titre de *pagus constantinus*, pays du Cotentin; *comitatus constantiensis*, comté du Cotentin, et il en est fait mention dans des actes de 512 à 530 (4).

Sous Charlemagne et sous les rois de la seconde race, si l'on en croit un capitulaire de Charles le-Chauve et la chronique de Fontenelle, tout le pays d'Avranches, de Coutances et de Cherbourg, fut divisé en trois cantons. Coutances, dans cette division du territoire, fut établie chef-lieu du second canton et continua à porter le titre de comté qu'elle avait reçu précédemment.

Quoique diverses appellations concourent à attester la présence des Saxons dans les environs de Coutances, ces guer-

---

(1) Danville, Géographie ancienne, t. 1er, p. 53. — Dom Bouquet, t. 1er, p. 122.— Hist. de Normandie, par Th. Licquet, t. 1er, p. 2.

(2) Th. Licquet, Hist. de Normandie, t. 1er, p. 6.

(3) Gallia christiana, t. xi, p. 864.

(4) Mém. de la Société des antiquaires de Normandie, 2e série, t. 1er, p. 40.

riers navigateurs ne firent que parcourir les rivages voisins qu'ils pillèrent, allant plus loin sonner l'alarme parmi les populations et recueillir le fruit de leur oppression.

Les Normands exercèrent de grands ravages dans la Neustrie, et leurs fréquentes invasions devinrent funestes au pays. Après avoir été contenus par Charlemagne, ils profitèrent de la faiblesse de ses successeurs pour se montrer de nouveau. Ils ne respectèrent pas les cités, et Coutances non plus ne fut pas épargnée. Ce fut sans doute à cette époque, en l'année 888, que cette ville vit disparaître ses remparts élevés par les Romains, son aqueduc, ses fontaines, et ces bains dont Rome, cette métropole du monde, s'était plu à doter les provinces tributaires de sa gloire, de son génie et de sa puissance. Ils incendièrent tous les monuments religieux qu'avait élevés la piété de nos pères. C'est ainsi qu'on leur attribue la destruction de la première cathédrale, et celle de l'abbaye de Saint-Potentin, qui devait occuper l'emplacement où, plus tard, fut construit l'hôpital. Dans leur fureur, ils anéantissaient les populations, et faisaient endurer des supplices inouïs et d'affreux tourments aux femmes nobles et aux vierges (1).

Lorsque Charlemagne visita les côtes septentrionales de la France, il fortifia les embouchures des rivières pour garantir le pays contre les incursions des Normands, et il éleva à Saint-Lo une forteresse qui devint le boulevard du Cotentin. A la fin du IXe siècle, les Normands firent le siège de cette place. Rollon, leur chef, voyant que les remparts élevés par Charlemagne lui opposaient une résistance invincible, fit couper un aqueduc qui portait l'eau dans la forteresse, et alors, dans peu de jours, la soif fit ce que la force n'avait pu faire. La garnison capitula ; mais la capitulation fut violée, car Algeronde, évêque de Coutances, et tous ceux qui s'étaient réfugiés avec lui dans cette forteresse furent égorgés (2).

Charles-le-Simple, prince incapable de mettre un terme aux invasions de ces hommes du Nord, ni à leurs succès constants, obtint de Rollon un traité par lequel il lui abandonnait une partie de la Neustrie qui, depuis, s'appela Normandie, du nom de ses nouveaux maîtres (3).

Suivant quelques auteurs, Rollon, devenu duc de Normandie par le traité de paix conclu à Saint-Clair-sur-Epte, en l'année 911, voulut établir un régime féodal en partageant une partie du pays conquis à ses principaux officiers, qui devinrent les nobles de la province, et en créant de grands fiefs sous les

---

(1) Infanda tormentorum genera. Guillaume de Jumièges, de gestis Normanorum, lib. 1, chap. 6 et 8.

(2) Annal. Rerum franciscarum apud Bouquet, t. 5, p. 52.—Duchesne, p. 6.—Dudon de Saint-Quentin, p. 75.—Dumoulin, Hist. de Normandie, p. 14. — Th. Licquet, Hist. de Normandie, t. 1er, p. 57.

(3) Dumoulin, p. 22.— Chronique de Normandie, p. 17 au verso.

titres de *comté*, *vicomté* et *baronnie* (1). Il dut alors ériger le comté de Mortain qui comprenait la ville de Coutances. Mais ce ne fut pas à cette époque que Coutances dépendit du comté de Mortain ; car l'Avranchin, le Bessin et le Cotentin ne firent pas partie du pays abandonné à Rollon. Ce ne fut que plus tard, et en 924, que le Bessin lui fut concédé. Guillaume, son fils, duc de Normandie, n'obtint l'Avranchin et le Cotentin qu'en l'année 933, un an après la mort de son père (2). Au surplus, ce qui prouve que le comté de Mortain s'est étendu dans le Cotentin, et que Coutances a pu en faire partie, c'est que les historiens disent tantôt le comté de Mortain, tantôt le comté de Coutances. On voit encore, par deux chartes de l'an 1082, que Robert, comte de Mortain, donne aux chanoines de Saint-Evroult 60 livres de rente *de son propre revenu de Coutances*, et aux moines du Rocher la dîme de la foire de Coutances dans le Cotentin. Enfin, des aveux rendus au roi dans les xive et xve siècles font connaître que des fiefs de Saint-Denis-le-Gast, d'Equilly, de Coutances et de Cérences, avaient dépendu de l'ancien comté de Mortain.

Guillaume-Longue-Epée, qui succéda à Rollon dans le duché de Normandie, sut maintenir son autorité contre ses voisins, qui voyaient avec peine s'élever la puissance, déjà si redoutable, des ducs normands. Il se montra le protecteur d'un prince étranger, d'Herold, roi de Danemark, qui, chassé de ses états par Suénon, son fils, vint, en 943, lui demander asile. Guillaume le reçut avec de grandes démonstrations d'amitié, et le mit en possession du Cotentin, jusqu'à ce qu'il eût reconquis son royaume. Herold fixa momentanément sa résidence à Coutances ; mais bientôt Guillaume parvint à réconcilier le père et le fils, et Herold quitta Coutances pour remonter sur son trône (3).

Lorsque Richard III, duc de Normandie, épousa, au mois de janvier 1027, la princesse Adèle, fille de Robert, roi de France, il lui donna en dot surtout la ville de Coutances avec son comté, excepté les terres de l'évêque. La donation comprenait encore les cours ou manoirs de Cérences, de Ver et d'Agon (4).

(1) A plusors dona viles, é chastels, é citez,
Dona champs, dona rentes, dona molins é prez,
Dona broils (bois), dona terres, dona grands éritez (héritages),
Solonc lor genz servises, é solonc lor boutez,
Solonc lor gentillesce, é solonc lor arz (âge).
(Roman de Rou par Robert Wace, vers 1928 et suivants.)

Terram suis comitibus et suis fidelibus funiculo divisit. Dudo Sancti-Quentini. Lib. 2, apud Duchesne, p. 85.

(2) Sur l'étendue du pays concédé à Rollon, voir les Mém. de la Société des antiquaires de Normandie, t. 6, p. 47.

(3) Chronique de Normandie, p. 24. — Guillaume de Jumièges, chap. 9.

(4) Concedo ergô tibi jure dotali de rebus proprietatis meæ civitatem quæ

Coutances, dès le xe siècle, était citée comme une ville importante à cause de son église et de ses remparts qu'on avait relevés. Ainsi, après son baptême, Rollon ayant demandé à l'archevêque de Rouen « quelles églises de sa terre estoyent » de plus grande autorité ? » « Sire, dit l'Archevêque, celle de » cette ville de Rouen, celle de Bayeux, celles de Coutances » et d'Evreux (1). » Bernard-le-Danois, dans un discours qu'il adressait à Louis-d'Outre-Mer, en l'année 946, lui disait : « J'ai entendu dire que vous voulez donner à Hue-le-Grand » tout le pays d'oultre-Seine, qui est la fleur des forteresses, » des bonnes villes et de la chevalerie... En ce pays croissent » les vivres dont Rouen et les environs sont soutenus, en » cestuys pays sont les villes d'Avranches, Coutances, Bayeux, » Lisieux, Caen et Falaise, et moult d'autres bonnes villes et » chasteaux (2). » D'après ce passage, Coutances était florissante dès cette époque, puisqu'elle occupait un rang distingué parmi les villes fortes de Normandie.

L'histoire, pendant plusieurs années, ne paraissant pas s'occuper particulièrement de Coutances, rappelons en peu de mots une époque des plus brillantes des annales de notre province, époque célèbre par les faits d'armes et les exploits chevaleresques de plusieurs seigneurs du Cotentin, qui portèrent au plus haut degré de splendeur et de gloire l'honneur du nom normand, déjà si puissant, et destiné à se faire respecter en Angleterre et en Palestine, sur les bords du Tibre et du Jourdain. La délivrance de Salerne et la fondation du royaume des Deux-Siciles, par des Normands, sont un des plus grands événements de cette époque, et l'une des expéditions les plus brillantes du moyen-âge. A la tête de ces braves, qui partirent pour aller fonder un royaume, marchaient avec éclat Tancrède et ses fils, dont le berceau fut à Hauteville-la-Guichard, à peu de distance de Coutances (3). La gloire de ces héros normands appartient aussi à l'histoire de cette ville, et elle en forme en quelque sorte un patrimoine. Le souvenir de Tancrède et de ses fils rappelle toujours ces héros *nés plus encore pour commander que pour combattre* (4). Leur pieuse munificence envers la cathédrale, qu'ils comblèrent de richesses et de bienfaits, a fait inscrire leurs noms dans les annales coutançaises. Geoffroy de Montbray, évêque de Coutances, se rendit en

appellatur Constantia cum comitatu, excepta terra R. episcopi. Concedo quoque curtem quæ dicitur *Ver* super fluvium Senæ cum silvis et terris cultis et incultis; et super eumdem fluvium curtem quæ appellatur *Cerencis*. Concedo denique curtem supra mare quæ dicitur *Agons*. Recueil des Hist. de France, t. 10, p. 270.—Th. Licquet, Hist. de Normandie, t. 2, p. 269.

(1) Chronique de Normandie, p. 17.
(2) Chronique de Normandie, p. 32.
(3) Chronique de Normandie, p. 60 à 92.— Dumoulin, p. 117.
(4) Non ad pugnandum sed ad regnandum genitos. Fazel ou Fazelli, de rebus siculis, decades duæ.

Italie auprès des Tancrède, ses parents, qui l'accueillirent avec des sentiments pleins d'égards, et lui accordèrent des secours importants, afin de l'aider dans la construction grandiose d'une cathédrale dont il avait conçu le projet avec un zèle ardent. Aussi, vit-on plus tard, en dehors de l'église vers le Nord, les statues de Tancrède et de ses fils, Guillaume, Drogon, Onfroy, Robert, Herman et Roger, qu'un sentiment de reconnaissance y avait élevées. Ces statues étaient vêtues à la royale, la couronne en tête et le sceptre à la main. On regrette vivement qu'un acte de vandalisme, dont on ne peut comprendre l'esprit, les ait renversées, alors qu'elles rappelaient des noms chers au pays, et faisaient l'une des gloires de la cathédrale. Il est à désirer qu'on rétablisse ces statues qu'un sentiment de reconnaissance et l'amour des arts eussent toujours dû respecter (1).

Robert, duc de Normandie, entreprit le voyage de la Terre-Sainte. Il mourut à son retour de la Palestine, laissant pour lui succéder son fils Guillaume, dont la minorité fut longue et désastreuse pour la province. Ce prince se trouvait à Valognes, lorsqu'il apprit que les principaux barons du Cotentin, Néel de Saint-Sauveur et Grimoult du Plessis, avaient secrètement formé le projet de s'emparer de lui et de le faire périr. Il se réfugia dans Falaise, sa ville natale, ville fortifiée et à l'abri d'une attaque imprévue. Les conjurés, ne pouvant se rendre maîtres de cette place que par un siége régulier, ne l'entreprirent pas. « Quand Néel le vicomte, et ses alliez virent
» qu'ils avoyent failli à leur entreprinse, ils cuidèrent arrager,
» et en leurs furies prindrent villes et forteresses, pillans et
» gastans le plat pays. Et tindrent en telle sujection les pays
» de Bessin et Constantin, qu'il n'y avait homme si hardi qui
» osast monstrer signification de faveur, amitié et obéissance
» audict Guillaume (2). » Mais bientôt Guillaume les attaqua et leur livra la fameuse bataille du Val-ès-Dunes, où les principaux chefs furent tués et les autres faits prisonniers. Henri, roi de France, qui alors était l'allié du duc de Normandie, combattit avec tant d'ardeur contre un chevalier cotentinois que lui et son cheval furent renversés. Les chansonniers du temps firent sur l'aventure du Roi les deux vers suivants :

<blockquote>De Costentin vint la lance
Qui abati le Rei de France (3).</blockquote>

Grimoult, qui avait été l'un des agents les plus actifs de

---

(1) On souhaite vivement que M. Delamarre, grand-vicaire à Coutances et inspecteur des monuments historiques, qui déjà a fait exécuter avec zèle et avec goût des travaux d'embellissement dans la cathédrale, s'occupe activement d'obtenir le rétablissement des statues des Tancrède.

(2) Chronique de Normandie, p. 72 au verso. — Th. Licquet, Hist. de Normandie, t. 2, p. 111.

(3) Chronique de Norm., par Benoît de Ste-More, v. 33612. — Dumoulin, p. 140. — Robert Wace, t. 2, p. 36. — Guillaume de Jumiège, chap. 27, l. 7.

cette conspiration, fut pris et mourut vers 1048 dans les prisons de Rouen (1). Néel de Saint-Sauveur perdit son apanage de Coutances et se retira en Bretagne. Guillaume fit démolir les forteresses de ses ennemis, et notamment « le chastelet du » Plessis dont Grimoult étoit capitaine, entre Coustances et » Quérentan... (2). »

Quelques années après, une ligue formidable se forma contre le duc Guillaume; elle se composait du roi de France, du duc d'Anjou, du comte du Maine et de plusieurs princes des provinces voisines. Le Roi de France voulait se venger de la défaite qu'il avait éprouvée à Mortemer, et ensevelir le déshonneur qu'il s'était attiré en fuyant. L'armée des confédérés, qui était très-nombreuse, courut le pays, mettant tout à feu et à sang. Guillaume ne se laissa point ébranler par l'imminence du péril, et fit preuve dans cette conjoncture critique d'autant de sang-froid et de prudence qu'il avait jusqu'alors montré de valeur et d'audace. A l'exemple de ses ennemis, il forma aussi deux corps d'armée. Robert, comte de Mortain, commandait la chevalerie du Cotentin. « Le Duc estoit accompagné de ceux » d'Avrenches, Constances et Bayeux, puis fist retirer le bé- » tail et vivres du plat pays ès villes et forteresses, tant pour » s'en aisder au besoing que pour empescher les François d'en » avoir la commodité » (3). Lorsqu'il crut l'instant favorable, Guillaume attaqua ses ennemis à Varaville, quand ils allaient passer la Dives sur un pont étroit. Son attaque imprévue jeta le désordre dans l'armée ennemie; le pont se rompit sous les Français qui se précipitaient pour fuir devant les Normands. Un grand nombre périrent dans les flots, et les autres furent faits prisonniers. Cette victoire pacifia la Normandie. Dans cette circonstance, Coutances resta fidèle à Guillaume, et ses enfants qui prirent une part glorieuse à cette grande victoire, furent témoins de la valeur et du courage de leur prince. Nous allons les retrouver avec lui sur un plus vaste champ de gloire.

Nous touchons à une époque mémorable et chère aux Normands. Guillaume, vainqueur de ses rivaux et de tous les puissants seigneurs du Bessin et du Cotentin, commençait à goûter les douceurs d'un règne tranquille, lorsque des droits qu'il croyait avoir sur l'Angleterre lui donnèrent l'idée d'aller faire la conquête de ce royaume. Toute la noblesse normande le suivit à cette conquête. Sur les listes des historiens on retrouve, au nombre des barons normands que Guillaume conduisit à l'entreprise la plus brillante et la plus périlleuse, plu-

(1) Grimout del Pleisseiz a pris
Et à Roem en prisum mis;
Se il le prist il out raisun,
Kar il l'eust par traïsun,
Ce dist, à Valuignes murdri.
(Robert Ware, roman de Rou, vers 9544 et suiv.)

(2) Chronique de Normandie, p. 71 au verso.
(3) Chronique de Normandie, p. 87. — Dumoulin, p. 158

sieurs braves gentilshommes du Cotentin (1). Ils en est quelques-uns dont les noms appartiennent à l'histoire de Coutances et des environs. Tels sont :

Le sieur de Blainville, — le sieur de Litheare (Lithaire),— Gauthier de Traily,—Guillaume d'Orval,—Guillaume de Pirou, — Jourdain de Cambernon,— le sieur de Pommeraye (Saint-Sauveur-la-Pommeraye), — Raoul de Gorges, — le seigneur de Saint-Denis-le-Gast,— Robert de Pierrepont,— le sieur de Canville, — le sire de Bréhal,— Aubrey de Vair (Ver), et Drogon de Montagud (Montaigu-les-Bois).—Les Paynel, seigneurs de Hambye,—les barons de la Haye-du-Puits et les d'Aubigny figurent aussi au nombre des compagnons de Guillaume, vainqueur de l'Angleterre (2). Quelques listes de la conquête indiquent un Gauthier de Coutances, dont un des descendants fut évêque de Lincoln et devint archevêque de Rouen. Geoffroy de Montbray, évêque de Coutances, joua un des principaux rôles dans cette expédition. Il assista aux Etats de Normandie qui se composaient de tous les prélats et barons de la province que Guillaume convoqua à Lillebonne, afin d'y délibérer sur la descente en Angleterre, et il en fut un des principaux moteurs. Ce fut lui qui, comme aumônier du prince, célébra la messe et bénit les drapeaux avant le combat (3). Pendant que les armées en étaient aux mains, entouré de prêtres et de religieux, il se retira sur une montagne d'*où ils combattaient de prières*, demandant au ciel la victoire pour les Normands (4). Geoffroy, après la conquête, suivit Guillaume à Londres, assista à son couronnement et le vit dans Westminster, aux solennités de Noël, prendre le titre de Conquérant, et placer sur son front le diadème des rois de la

(1) Bien firent cel du Bessin
  E li barons de Costentin.
  (Robert Wace, vers 15486.)

(2) E li sire de Litehare
  ....
  E un chevalier de Pirou.
  ....
  Des Mosliers Hubert Païenals.
  ....
  Cels de Sole, è cels d'Oireval,
  De saint Jehan è de Brehal.
  ....
  Dunc point li sire de La Haie
  Nus n'esparne ne ne mannaie (ni ne ménage).
  (Robert Wace. t. 2, p. 254 et suiv.)

(3) Giffrei, evesle de Coustances,
  A plusors joint lor pénitances ;
  Cil reçut li confessions
  E' dona li bénéiçons.
  (Robert Wace, vers 12491 et suiv.)

(4) Robert Wace. — Chronique de Normandie. p. 106 et 110 au verso. — Dumoulin, p. 173, 180 et 182.—Masseville, t. 1ᵉʳ p. 193 ; et Leprevost, Hist. de Guillaume-le-Conquérant, p. 207.—Depping, Hist. de Norm., t. 2, p. 209.

Grande-Bretagne. Dans cette cérémonie, l'évêque de Coutances remplit auprès du prince les fonctions de chambellan pour les états de Normandie.

Guillaume-le-Conquérant usa largement du droit de conquête pour gratifier ceux qui l'avaient secondé dans son expédition (1). Plusieurs barons, partis du Cotentin fort légers d'argent, mais pleins de bravoure, y revinrent avec de grandes richesses, et y élevèrent ces châteaux-forts, dont on retrouve encore les traces ou dont on admire les ruines. Geoffroy de Montbray obtint pour sa part 280 fiefs ou domaines en Angleterre, qu'il laissa en mourant à son neveu, Robert de Montbray, qui se conduisit si mal qu'il n'en put jouir long-temps (2).

Ce prélat quitta souvent ses habits sacerdotaux pour conduire des bataillons normands contre des Saxons insurgés, et il n'usa pas toujours de la victoire avec modération. Si la préface du Livre Noir le représente comme un saint, Orderic Vital, l'un des meilleurs historiens du moyen-âge et son contemporain, en parle ainsi : « Ce prélat était d'une illustre noblesse, » et se distinguait plus par ses talents militaires que par sa » science cléricale. Aussi, savait-il mieux disposer en bataille » des hommes d'armes qu'instruire des clercs à chanter des » psaumes (3). » Quoi qu'il en soit, à l'avénement de Geoffroy de Montbray commencent l'illustration et la prospérité de l'église de Coutances. Ce fut lui qui fit construire un palais épiscopal qu'il entoura de vastes dépendances et de spacieux jardins (4); il fit faire deux étangs et deux moulins près de la ville ; il acheta du duc Guillaume, par le prix de 300 livres, la meilleure moitié de Coutances et de ses faubourgs, la moitié du terrage, les moulins et la terre de Grimouville (5), et du comte de Mortain, la terre du Parc. Il réprima beaucoup d'abus et fit plusieurs actes d'une sage administration. L'exécution de tous les travaux qu'il entreprit était un bienfait pour la ville de Coutances ; car, sans parler des sommes considérables qui se trouvèrent ainsi jetées en circulation, elle obtint cet avantage que le prélat fixa désormais chez elle une résidence que l'état misérable des lieux le forçait auparavant de fixer à Rouen ou à Saint-Lo. Quel que soit le jugement qu'on porte sur sa vie, Geoffroy n'en reste pas moins un des prélats les

(1) A plusors ki l'orent sui (suivi)
E ki l'orent lunges servi
Dona chastels, dona citez,
Dona maneirs, dona comtez,
Dona terres, as vavassors
Dona altres rentes plusors.
(Robert Wace, vers 14117 et suiv.)

(2) Dumoulin, p. 211. — Orderic Vital, liv. 4.

(3) Ideoque loricatos milites ad bellandum, quàm clericos ad psallendum noverat. (Orderic Vital, liv. 8).

(4) Gallia christiana, t. xi, col. 870.

(5). Gallia christiana, t. xi, p. 870.

— 14 —

plus distingués qui aient occupé le siége de Coutances.

De bons esprits sont partagés sur cette question : « Doit-on » attribuer à Geoffroy de Montbray la gloire d'avoir élevé, » vers le milieu du xie siècle, la cathédrale de Coutances, » telle que nous l'admirons aujourd'hui, sauf les restaurations » que les guerres civiles des xive et xve siècles ont rendues né- » cessaires ? » La solution en appartient à l'archéologie monumentale, dont nous n'avons pas à nous occuper dans ce moment (1).

Quelle que soit, au surplus, l'époque de cette belle cathédrale, on est saisi d'admiration, et d'un sentiment qui élève l'âme, à la vue de ces flèches audacieuses qui semblent monter vers le ciel pour y porter nos pensées et nos espérances ; de ces voûtes colossales, de ces ogives, de ces arcades, jetées avec tant de hardiesse ; de ces belles rosaces, à travers lesquelles les feux mourants du jour reflètent mille couleurs ; de ces pendentifs, de ces chapiteaux si variés et si délicats ; de ce dôme aérien, de cette tour qui s'élève majestueuse et solennelle, et qui fit dire à Vauban, ce grand homme, juge si compétent : « *Quel est le sublime fou qui a osé lancer dans les airs un pareil monument ?* » On ne cesse d'admirer dans cette imposante basilique des ornements et des détails d'architecture qui révèlent une perfection désespérante, et un art qui fut la gloire et l'honneur du génie de nos aïeux (2).

Après la mort du Conquérant, ses fils, suivant ses volontés, se partagèrent ses Etats. Robert, l'aîné, eut la Normandie ; Guillaume, l'Angleterre, et Henri, avec tous les trésors que son père lui avait laissés, reçut une pension de 8,000 livres que ses frères devaient lui payer. Mais Henri ne respecta pas longtemps les volontés de son père, et il se servit de ses richesses pour s'élever au-dessus de ses frères, et surtout pour s'attaquer à Robert, qui ne savait pas maintenir l'ordre et l'union entre ses barons. Robert n'ayant pas assez de ses richesses, s'adressa à son frère Henri, qui, moins prodigue et héritier d'un trésor de 5,000 livres d'argent, mais sans terre, se trouvait dans ce moment plus riche que le duc de Normandie. Henri promit de prêter à son frère 3,000 livres, si on lui cédait le Cotentin, cette province si fertile. Robert, très-indifférent sur l'intégrité du territoire normand, commit la faute très-grave de céder le Cotentin à son frère. Robert Wace assure qu'il le lui donna seulement en nantissement de son emprunt (3) ;

---

(1) Voir sur cette importante question les Mémoires de la Société des antiquaires de Normandie, t. 1er, p. 142 ; t. 2, p. 139 de la 2e série, et le Bulletin monumental publié par M. de Caumont, t. 1er, 2e série, p. 130.

(2) Robertus Cœnalis, de re gallicà, p. 159 au verso.

(3) Costentin en gage reçut
Et tant lunges (long-temps) aveir le dut
Ke li dus le suen li rendist.
Robert Wace, t. 2, v. 14518—20.

mais Orderic Vital présente la transaction comme une cession entière (1). Ainsi un tiers de la Normandie appartint à Henri ; Coutances et les autres places du pays passèrent sous son autorité. On ne soupçonnait pas alors que celui qui, en ce moment, avait la plus faible part, les prendrait un jour toutes les trois (2).

Cette cession eut lieu avec droit de domination sur les deux églises de Coutances et d'Avranches. L'évêque d'Avranches se soumit à Henri ; celui de Coutances refusa de le reconnaître pour souverain et maître au spirituel, non par mépris pour le fils du Conquérant, mais afin de maintenir la dignité de son église. Cette conduite de l'évêque de Coutances l'exposa à la haine des barons du pays, qui plusieurs fois pillèrent ses terres (3).

Pendant que la Normandie était le théâtre des divisions et des querelles sanglantes de Robert et d'Henri, le Cotentin jouissait d'une paix profonde. Henri continuait néanmoins à attirer dans son parti beaucoup de puissants barons, et à mettre en état de défense les principaux châteaux de ses domaines. C'est ainsi qu'il fortifia Coutances, et surtout Gavray, qui alors était d'une grande importance, et qu'il en fit des places capables de résister (4).

Après la croisade qui se fit sous Robert, dit le Magnifique, la Normandie avait déposé ses glorieux enfants à Naples et dans la Sicile. Bientôt d'autres Normands, d'autres Français, avides aussi d'exploits brillants et de renommée, s'abandonnèrent à cet amour de courses lointaines. Beaucoup d'entre eux, par un sentiment religieux, entreprirent le pélerinage de Jérusalem. Des prédicateurs se répandirent dans toute la chrétienté ; leur voix retentit dans les manoirs, elle retentit aussi dans les chaumières. A la vue du drapeau de la croisade, les populations s'ébranlèrent à l'envi pour se ruer sur l'Orient, et aller à la délivrance et à la conquête du tombeau de J.-C. Cet amour de voyages et de pieux pélerinages était trop violent pour que Robert, duc de Normandie, prince aventureux et preux chevalier, ne prît pas, avec ses barons, une part active à la croisade ; aussi fut-il un des premiers princes chrétiens qui se jetèrent dans les rangs des croisés. Il engagea son duché de Normandie pour 10,000 marcs d'argent (5) comme s'il avait engagé son armure. Ce fut son frère Guillaume-le-Roux,

(1) Orderic Vital, liv. 8.
(2) Chronique, p. 124. — Dumoulin, p. 243. — Guillaume de Jumiége, chap. 2, liv. 8.
(3) Voir le Livre Noir de l'évêché.
(4) Dumoulin, p. 255.
(5) La livre d'argent valait deux marcs. Depuis Charlemagne jusqu'à Louis VI, c'est-à-dire, depuis 768 jusqu'en 1113, le marc valait 15 sols. Les 10,000 marcs représentaient en valeur de nos jours une somme d'environ 1,000,000. Goube, Hist. de Normandie, t. 1er, p. 267.

roi d'Angleterre, qui lui fournit cette somme, pour cinq ans, afin d'entreprendre son voyage.

Comme un chef puissant entraînait toujours à sa suite des chevaliers avides de gloire, et que d'ailleurs ce voyage au pays d'Orient parlait vivement au cœur des barons, Robert partit avec *grant foison de chevaliers, barons et aultres gens de Normandie* (1). Parmi les preux qui le suivirent en Palestine et le virent monter un des premiers à l'assaut des doubles murailles de Jérusalem, il en est plusieurs que l'histoire de Coutances peut réclamer; tels sont : le sire de Hambye, le sire de Blainville, Guillaume Paisnel d'Agon, Robert de Pirou, Guillaume de Pirou de Montpinchon, Philippe et Henri de Saint-Denis-le-Gast, Robert de Lengrone, Enguerrand de Camron sieur du Loré, Guillaume et Foulques de Cantelou. Les La Haye figurent aussi sur les listes au nombre des Normands qui furent témoins du courage héroïque de Robert (2). Le souvenir de tous ces hommes qui soutinrent la gloire du Cotentin dans les pays lointains qu'ils parcoururent, doit honorablement se conserver parmi nous.

Bientôt la guerre éclata entre Guillaume-le-Roux et le roi de France. Trois armées envahirent la Normandie à la fois pour en faire la conquête. Le Cotentin resta fidèle à Henri; et plusieurs villes, comme Coutances, Avranches, Rouen, Falaise et Bayeux, n'ouvrirent pas leurs portes aux armées ennemies (3).

Pendant l'absence de Robert, Guillaume-le-Roux mourut. Aussitôt Henri passa en Angleterre, en l'année 1100, se fit reconnaître Roi, et s'empara du trône au détriment de Robert. Mais bientôt on apprit que ce prince était revenu de la croisade; et qu'il se rendait en Angleterre pour révendiquer la couronne. Lorsque les deux armées de Henri et de Robert furent en présence, les barons et les seigneurs se reconnurent; de part et d'autre des parents, des amis eurent une grande répugnance à en venir aux mains. Anselme, archevêque de Cantorbéry, parvint à régler les prétentions des deux princes. Robert qui, avec la dot de Sybille, sa femme, avait dégagé son duché, promit de se retirer et renonça à tous ses droits sur le trône anglais. Henri s'obligea de lui payer, à titre de dédommagement, 3,000 marcs d'argent de pension annuelle, et lui abandonna toutes les places et tous les fiefs qu'il possédait en Normandie. Ainsi Coutances rentra sous la domination de Robert (4). Les deux frères s'engagèrent à vivre désormais en bonne intelligence. Mais la paix dura peu de temps; car bientôt de nouvelles guerres vinrent désoler la Basse-Normandie; mais le Cotentin, et Coutances surtout, ne prirent aucune part à ces querelles.

(1) Duchesne et la Chronique de Normandie.
(2) Dumoulin, Hist. de Normandie.
(3) Dumoulin, p. 312.
(4) Depping, Hist. de Normandie, t. 1er, p. 293.

Henri Ier, duc de Normandie, quelques années avant sa mort, arrivée vers la fin de l'année 1135, avait sollicité les suffrages des plus grands seigneurs de ses États, pour qu'ils reconnussent Mathilde, sa fille, veuve de l'empereur Henri V, comme son héritière. A peine les restes mortels de Henri avaient-ils passé la mer, que déjà Etienne, comte de Boulogne, neveu du Roi, et petit-fils du Conquérant par Adèle, sa mère, homme entreprenant, s'était emparé du trône d'Angleterre et s'était fait déclarer duc de Normandie. Mathilde, de son côté, fit valoir les volontés de son père, et s'avança les armes à la main, afin de les soutenir. Alors, des guerres civiles très-acharnées recommencèrent en Angleterre et en Normandie.

Tandis que Mathilde se montrait en Angleterre, Geoffroy d'Anjou, son mari, surnommé *Plantagenêt* (1), se jeta sur la Normandie et s'empara de plusieurs places. Alors, le pays éprouva la plus cruelle anarchie. Les seigneurs et les barons choisirent cet instant pour venger leurs anciennes offenses par des guerres entre eux. Les villes, de leur côté, armèrent leurs milices et s'attaquèrent les unes les autres. Geoffroy, au lieu de ménager le pays qu'il envahissait, pillait et brûlait tout ; singulière manière de se préparer à régner sur une province dont on se proclame le maître légitime par droit de naissance ! Presque tous les seigneurs du Cotentin embrassèrent la cause de Mathilde ; et quand Geoffroy arriva dans le pays, tous les barons se soumirent à lui, et lui firent hommage, excepté Raoul de La Haye-du-Puits et son frère Richard, qui tenaient pour Etienne. Coutances, quoique Algare, son évêque, se fût déclaré contre Geoffroy, et eût fortifié la ville, resta fidèle à son prince et respecta les volontés de Henri. Elle fit sa soumission à Geoffroy-Plantagenêt en 1142, suivant Robert-du-Mont, ou 1143, suivant la chronique angevine (2).

Une affreuse famine se joignit aux guerres civiles pour désoler le pays et le réduire à une extrême misère. « Cette fa-
» mine fut si grande en Basse-Normandie que la somme de
» bled valait 40 sous, et l'avoine, alors manger ordinaire des
» plus grands seigneurs, se vendait 16 sous....... Et fut telle la
» nécessité que quelqu'un fut trouvé vendant de la chair hu-
» maine des personnes qu'il avait égorgées, lequel fut con-
» damné d'estre pendu...... (3) » A cette époque, le froment valait ordinairement deux sous le boisseau.

Sous les règnes de Henri II et de Richard-Cœur-de-Lion, Coutances et tout le Cotentin jouirent d'une paix profonde,

---

(1) On sait que ce surnom lui vint d'une branche de genêt qu'il portait sur son casque.

(2) Dumoulin, p. 357.— Masseville, t. 2, p. 14.— Depping, Hist. de Normandie, t. 1er, p. 457.

(3) Dumoulin, p. 362.

pendant que les frontières de la France étaient continuellement ravagées et incendiées, prises et reprises. Les seigneurs et les barons du pays, ne voyant pas leurs forteresses menacées, trouvaient de leur goût de mener une vie paisible dans leurs châteaux.

La fin du siècle vit naître à Coutances un poète peu connu, *Andreu* ou *André*. Il est auteur d'un poème intitulé *le Rouman de la résurrection de nostre signor Jésus-Christ, par maistre Andreu de Coustances*. Un manuscrit sur vélin de ce poème, contenant environ 2,000 vers de dix syllabes, existe dans la bibliothèque du Roi. Le style en est fort grossier, même pour le temps (1).

Après la mort de Richard sans enfants, arrivée en l'année 1199, Jean-Sans-Terre, son frère, s'empara de la Normandie et de l'Angleterre au détriment d'Arthur, son neveu, duc de Bretagne. Alors, notre province redevint le théâtre de nouvelles guerres. Philippe-Auguste, indigné de la conduite de Jean envers Arthur, prit les armes, afin de soutenir les prétentions du jeune prince qui avait épousé une de ses filles. La guerre se fit avec peu de succès de part et d'autre, et on se borna à prendre et à reprendre quelques villes. Mais Arthur, fatigué sans doute des lenteurs de la guerre et emporté par son courage, se jeta dans l'Anjou. S'étant exposé témérairement dans un combat, il fut fait prisonnier par son oncle. Jean, fier d'avoir dans les mains un rival aussi redoutable, ne songea qu'aux moyens de s'en débarrasser. Quelques auteurs prétendent que ce jeune prince périt à Rouen des propres mains de son oncle.

Furieux de la mort d'Arthur, Philippe-Auguste fit citer Jean à sa cour et confisqua toutes les possessions que ce prince avait en France. Il marcha sur la Normandie, et fit le siège de toutes les villes qui refusèrent de se rendre. Lisieux et Séez lui ouvrirent spontanément leurs portes. Coutances, privée de ses anciens remparts, et peu confiante dans ses nouvelles murailles, reçut sans résistance la loi du nouveau maître qui se présentait (2).

Jean-Sans-Terre abandonna ses états et se sauva en Angleterre. Alors, toutes les villes de Normandie firent leur soumission, et le mépris que Jean inspirait aux Normands contribua puissamment à faciliter au roi de France la conquête de cette

---

(1) Mémoires sur les trouvères normands, par M. Pluquet.

(2) . . . . illi tres sine bello
Sese sponte sua præclari nominis urbes
Subjiciunt, Sagium, Constantia, Lexoviumque.

Chant 8 de la Philippide, par Guillaume Lebreton. Ce poème en 12 chants a été traduit dans la Collection des Mémoires sur l'histoire de France, publiée par M. Guizot.

« Costances, Baïex, Liziez, Avrenches. »—Chronique de Saint-Denis.—Dumoulin, p. 520.

belle province qui revenait à la France, après en avoir été détachée pendant trois siècles. D'ailleurs, Philippe-Auguste, voulant s'attacher la Normandie par des bienfaits éclatants, s'engagea à ne lui faire subir aucune imposition qu'avec le consentement de ses trois états, le clergé, la noblesse et les communes. Au surplus, dans les événements importants de cette époque, le Cotentin ne joua aucun rôle remarquable.

Maintenant que les temps d'orage sont passés pour la Normandie, et qu'elle n'est plus le théâtre d'aucune guerre, Coutances, comme les autres villes, n'apparait que rarement dans l'histoire; nous allons recueillir les faits de cette époque qui ont mérité d'échapper à l'oubli.

Philippe-Auguste, après sa conquête de la Normandie, obligea tous les barons et seigneurs du Cotentin à lui prêter serment. L'évêque de Coutances, comme banneret, fut taxé à cinq chevaliers; Foulques Paynel, pour Ouville et Mesnil-Rogues, à un chevalier, qui devait faire le service au château de Thorigny; Foulques Paynel, pour Hambie et Bréhal, à un chevalier, et Robert Mallet, pour Montaigu, à un chevalier (1). Mais, en 1238, l'évêque de Coutances, pour s'affranchir du service militaire qu'il devait au Roi dans quelques châteaux, céda à Louis IX ce qui lui appartenait dans la terre de Soule (2).

Plusieurs seigneurs des environs devaient le service militaire au château de Coutances, car on lit dans le registre des fiefs du bailliage de Coutances, rédigé en 1327 par ordre de Guillaume Le Blond, grand bailli de Cotentin : « Olivier » Paens (Paisnel) tient de Foulques Paisnel par parage la » Haie Paens, et en fait le service d'un chevalier au chastel de » Coutances, vingt jours en temps de guerre. » Ce château-fort, qui n'était pas d'une grande importance, dépendait-il de Coutances? N'appartenait-il point plutôt, comme l'ont cru quelques auteurs, à la famille Paisnel? Ce qui le donnerait à penser, c'est que, sous Philippe-Auguste, Foulques Paisnel possédait un château dans Coutances (3). Un auteur qui a écrit sur la ville parle d'un château *Pisquin*, placé à l'extrémité et à l'ouest de la ville, qu'on attribuait aux Romains (4). Un autre place le château de Coutances où se trouve maintenant le palais épiscopal (5).

Pendant le xiiie siècle, et au milieu de la paix dont jouissait Coutances, on vit se former dans ses murs un grand établissement de charité. S'il est des annales qu'on doive parcourir avec plaisir, ce sont sans doute celles qui nous instruisent de la fondation de ces établissements de charité que le moyen-âge

---

(1) Hist. militaire des Bocains par M. Seguin, p. 239.
(2) Gallia christiana, t. xi, col. 879 et 880.
(3) Custodiam castri sui in Constantiâ. Lib. feod. regis Philippi apud ib. nig. dioc. Constanc.
(4) Demons, Hist. mss. sur Coutances, p. 16.
(5) Lefranc, Hist. mss., p. 105.—Toustain de Billy, Hist. mss., p 82.

dut au pouvoir organisateur du christianisme. Les croisés avaient rapporté de l'Orient des maladies funestes qui causaient de grands ravages au sein des villes et des populations ; il devint donc urgent de trouver un remède à ce fléau. Alors, les princes et les puissants barons fondèrent un grand nombre de maisons où l'on recevait les lépreux, et qu'on nomma *léproseries, ladreries* ou *maladreries*. Louis VIII, en mourant, fit des donations à plus de 2,000 ladreries de son royaume. On choisissait, pour l'emplacement de ces maisons, des lieux écartés, et on isolait les malades, à l'exemple des Juifs qui envoyaient leurs lépreux dans les déserts et dans les solitudes.

Hugues de Morville, évêque de Coutances, animé d'un grand esprit de charité, ne put rester étranger à cette pieuse impulsion. Il fonda en cette ville un hôpital qu'il substitua à l'abbaye de Saint-Potentin. Mais comme la maison n'était pas appropriée à cet usage, il la réédifia, et pour faire taire les réclamations des moines, il en fit confirmer l'usage par le pape Honorius III dont il obtint plusieurs bulles. Cette fondation remonte à l'année 1209. Six religieux formèrent toute la communauté, et leur institution avait pour objet surtout le soin des pauvres malades de la ville. Cet établissement excita la générosité des seigneurs et des barons, et bientôt il devint riche de terres et de rentes (1).

Plusieurs siècles après, en 1643, l'évêque de Coutances, peu satisfait de l'administration des religieux, établit à l'Hôtel-Dieu une communauté de religieuses dites Augustines hospitalières, pour partager avec les frères Augustins le soin des malades et des pauvres. Ce fut Charlotte Dugast de Lucé, religieuse de la maison de Vernon, qui fut nommée supérieure de l'Hôtel-Dieu. Les autres religieuses vinrent aussi de la maison de Vernon. Alors, les frères Augustins étaient au nombre de douze ; mais six d'entre eux desservaient des cures (2).

Avant l'utile fondation de Hugues de Morville, il existait déjà, à peu de distance de la ville et vers la lande d'Orval, une léproserie avec une chapelle sous l'invocation de Saint-Michel. Cette chapelle a dû disparaitre quelques années avant la révolution (3).

Coutances, en l'année 1232, vit encore s'élever une maison religieuse. La famille Paisnel, qu'une pieuse munificence caractérisait, et qui n'était ni moins considérable, ni moins puissante en Normandie qu'en Angleterre, fonda le couvent des frères prêcheurs ou dominicains, autrement appelés jacobins (4). Elle donna l'emplacement qui se trouvait hors les fossés et la route aux Moines. Cette maison fut brûlée

(1) Gallia christiana, t. xi, p. 878; *id*. Instrumenta, col. 253 et suiv.
(2) Gallia christiana, t. xi, p. 906, et Masseville, liv. 3, p. 105.
(3) Le Canu, Hist. des évêques de Coutances, p. 158.
(4) Masseville, t. 3, p. 106.

par les protestants, et rétablie en 1579 par les soins du chapitre et de plusieurs riches habitants de la ville dont on voyait les armes aux vitres de l'église. Les religieux de ce couvent jouirent pendant long-temps d'une estime méritée. Aujourd'hui le grand séminaire remplace les religieux dominicains.

Un des actes les plus importants pour l'histoire du pays, à l'époque qui nous occupe, fut l'établissement du *Livre Noir*, par Jean d'Essey, évêque de Coutances, vers le milieu du xiiie siècle. Ce livre, appelé *Livre Noir*, parce que sa couverture était noire, est une statistique ou état détaillé des bénéfices et des cures du diocèse à cette époque, avec l'indication des patronages et des revenus. Ce recueil fut le produit d'une enquête solennelle à laquelle il fut procédé devant l'évêque. Il contient aussi un état des fiefs de toute la Normandie, et du service que chacun devait au Roi (1).

Odon Rigault, archevêque de Rouen, fit, en 1250, la visite des villes épiscopales suffragantes de sa métropole, afin de s'assurer de l'état des maisons religieuses et de leur discipline. Arrivé à Coutances, il visita le chapitre qu'il trouva composé de 26 chanoines et de 7 dignitaires, 4 archidiacres, 1 chantre, 1 maître d'école et 1 trésorier. Tout n'était pas régulier dans le chapitre. Les chanoines parlaient fort haut pendant l'office, et leurs ornements étaient mal tenus. Aussi, plusieurs d'entr'eux reçurent-ils de sévères réprimandes. L'archevêque coucha à Bricqueville-la-Blouette, aux frais de Jean Pamernel, archidiacre de Coutances. En quittant la ville, il écrivit à l'un des dignitaires du chapitre, pour lui signaler les abus qu'il avait remarqués dans le cours de son inspection, et l'avertir de veiller à l'exécution des ordres qu'il avait donnés (2).

Le règne de Louis IX était alors une époque de grandes améliorations politiques, et ce prince devint vraiment le restaurateur de la justice. Il fit rédiger les lois ou *Etablissements,* abolit le duel judiciaire, gradua les peines, exigea des preuves, des témoins et des plaidoiries pour l'instruction des affaires. Il établit les appels à la place des prises à partie ; et comme le dernier degré de la juridiction féodale devait être le Roi, les causes se trouvèrent portées devant lui en dernier ressort. La justice, telle que le Roi l'administrait et la rendait, était une conquête pour l'autorité royale; mais aussi une garantie pour le peuple. Le Roi lui-même donnait l'exemple de la soumission aux lois qu'il établissait. Le clergé, dans ces temps, défendait ses droits et les faisait maintenir, même contre la puissance royale. Ainsi, l'évêque de Coutances, Jean d'Essey, en 1269, fut en instance avec le Roi, devant la cour même du Roi. Le prélat demandait que le comte de Mortain, quel qu'il fût, lui prêtât serment de fidélité, ainsi

---

(1) Mémoires de la Société des antiquaires de Normandie, t. 1er, p. 184.

(2) On doit à M. de Caumont l'intéressante publication du Livre des Visites d'Odon Rigault. Mémoires de la Société des antiquaires de Normandie, 2e série, t. 1er, p. 215.

qu'il avait droit de l'exiger. Louis IX, qui alors était comte de Mortain, avait été sommé plusieurs fois de prêter ce serment. Il ordonna une enquête pour savoir s'il le devait. Radulphe de Saint-Godard, chanoine de Bayeux, et Jean Saulnier, bailli de Caen, procédèrent à cette enquête, qui fut favorable aux prétentions de l'évêque. Alors, en 1269, le Roi rendit un arrêt qui enjoignait à Jean de Capresse, son bailli à Coutances, de prêter le serment demandé (1).

C'est à l'époque du XIIIe siècle qu'il faut remonter pour trouver l'origine de l'église de Saint-Nicolas-de-Coutances. Jusqu'alors les habitants de Saint-Nicolas avaient fait leur église de l'une des chapelles de la cathédrale. Le chapitre, jaloux sans doute d'avoir seul l'usage de son église, profita de la vacance de l'évêché, après la mort de Hugues de Morville, pour faire construire dans la ville une chapelle à l'usage des fidèles de Saint-Nicolas. Cette chapelle, fortement endommagée par les protestants dans les guerres religieuses du XVIe siècle, et devenant d'ailleurs insuffisante, fut réparée et bientôt agrandie. Elle reçut, outre le chœur, les deux chapelles formant la croix. Plus tard, l'ancien bâtiment fut élevé, afin qu'il pût servir de nef. Le chœur fut achevé en 1622, et le dôme bâti en 1701 (2). Cette église appartenait jadis au chapitre. Elle avait une chapelle nommée la Mare, *de mara*, dédiée à saint Hilaire, et dont la fondation doit remonter à l'an 1244. A certains jours de l'année, le clergé de la ville fait encore de pieux pèlerinages à cette chapelle (3).

Coutances, à la fin du XIIIe siècle, n'offrant pas une ville fortifiée, l'évêque voulut mettre son église à l'abri du pillage et des attaques des partis. Il présenta requête à la cour du Roi pour obtenir la permission d'élever des murs de défense. Lucas de Villiers, grand-bailli de Coutances, fut chargé de vérifier cette demande. Sur son rapport, Philippe-le-Bel, en janvier 1293, adressa à son bailli de Coutances des lettres qui permettaient à l'évêque, Robert d'Harcourt, d'entourer de murailles, disent ces lettres, « tant ladite église que le manoir épiscopal
» et les maisons des chanoines, fortifier, refaire et réparer les
» dites murailles de manière qu'ils soient enfermés de tous
» côtés... à condition de laisser quatre portes, et parce que
» ni l'évêque ni le chapitre ne pourront, sous prétextes de
» leurs immunités, recevoir et protéger les scélérats et mal-
» faiteurs qui pourraient s'y retirer, ni empêcher qu'ils
» soient pris par la justice ordinaire...(4) » Le Roi insistait sur

---

(1) Pharies fuerit requisitus de dicta fidelitate facienda dicto episcopo et ecclesiæ suæ. Arrêts de la cour du roi, Mémoires inédits sur l'histoire de France, t. 1er, p. 527.

(2) Demons, Hist. mss. sur Coutances. — Lecanu, Hist. des évêques de Coutances, p. 182.

(3) Demons, Hist. mss. sur Coutances, p. 113.

(4) Gallia christiana, t. XI, p. 892 et 893, et Instrumenta, col. 271.

ce point, à l'exemple de Charlemagne qui, travaillant à la réforme de la discipline ecclésiastique, avait aussi pris des mesures, afin que l'abus du droit d'asile dans les cloîtres ne dégénérât pas en impunité du crime.

L'évêque employa dans son entreprise pour défendre la cathédrale des sommes considérables. Il sacrifia les vastes jardins de son évêché ; car les remparts qu'il fit élever les coupèrent vers l'endroit où se trouve de nos jours la place *Milon*. Alors le palais épiscopal existait vers le milieu de la rue *Pertuis-Trouard*. La citadelle de la ville devait occuper l'emplacement du palais actuel. Les jardins s'étendaient jusque vers le village de la Verjusière (1).

Les premières années du xive siècle ne furent pas pour Coutances très-fécondes en événements. En l'année 1338, un hiver très-rigoureux désola le pays ; un moine en a conservé le souvenir dans les vers suivants :

> Tu qui leiras cet escrit remembre
> Que le vintiesme de novembre
> L'an mil trois cens et trente üit
> Cheiren grand neis jour et nüit
> Et après gela si for'ment
> Que homs ne poet fere fromens (2).

Mais un fléau non moins grand menaçait la province, et devait troubler le repos dont elle jouissait depuis plus d'un siècle. La guerre qui s'éleva entre le roi de France et le roi d'Angleterre rappela Coutances et tout le pays sous les armes.

Après la mort de Charles-le-Bel sans enfants mâles, Edouard III, roi d'Angleterre, se croyant des droits incontestables au trône de France, avisa aux moyens d'entrer en possession de cet héritage. La Normandie, qui jadis avait fait partie du glorieux empire anglo-normand, repoussa fortement toute réunion avec l'Angleterre, et joua un rôle important dans les guerres opiniâtres et désastreuses dont la couronne de France fut l'objet entre Philippe-de-Valois et Edouard III.

Dans les premiers jours de juillet 1346, Edouard, à l'instigation de Godefroy de Harcourt, se jeta tout-à-coup avec une puissante armée sur les côtes de Normandie. Il partagea ses troupes en trois *batailles* et s'empara de plusieurs villes, *ardant* (brûlant), *exillant* (ravageant) et *robant* (volant) *le bon pays et gras pays de Normandie*, « ne tourna point vers la » la cité de Coutances, ains s'en alla devers la grosse ville de » Saint-Lo en Cotentin, qui pour le temps étoit bonne ville, » riche et marchande et valoit trois fois tant que la cité de » Coutances... » (3). Cette ville n'eut donc pas à souffrir de cette invasion, et alors l'ennemi l'épargna.

---

(1) Lecanu, Hist. des évêques de Coutances, p. 201.
(2) Neustria pia, p. 740.
(3) Froissard, liv. 1er, p. 250. — Masseville, t. 3, p. 258.

Philippe-de-Valois et Jean son fils luttèrent faiblement contre leur fier rival. Philippe mourut en 1350, et Jean demeura seul chargé d'un fardeau qu'il ne pouvait soutenir.

La mésintelligence éclata entre le roi de France et Charles, dit le Mauvais, roi de Navarre. Dans une fête donnée à Rouen, Charles fut arrêté avec les principaux seigneurs de son parti; il fut jeté en prison, et plusieurs de ses partisans furent décapités. Philippe de Navarre, frère du Roi, et Godefroy de Harcourt, son oncle, voulurent venger l'affront fait à leur maison.

Alors, Philippe passa en Angleterre, y traita avec le roi Edouard, et revint en France. Philippe, et Godefroy de Harcourt, avec leur parti, se réunirent dans le Cotentin qui devint le foyer de leur rébellion contre la dynastie des Valois. « Ils assemblèrent foison d'Anglois et de Navarrois et autres » ennemis du roi de France, et les firent venir au pays de » Costantin, et en la compagnie desdits messires Philippe de » Navarre et Godefroy de Harcourt entrèrent dedans Norman-» die, et estoient bien 4,000 combattants, et prindrent maintes » villes, et pilloyent et roboyent partout où ils passoyent... (1).

Godefroy de Harcourt vint avec une troupe d'Anglais occuper la ville de Coutances. L'enclos de la cathédrale était alors la seule partie qui pût lui offrir quelque résistance. Il avait commencé à en faire le siége ; déjà le mur d'enceinte présentait une brèche aux assiégeants, et tout portait à croire que l'ennemi en serait bientôt le maître, lorsque des troupes envoyées au secours de la ville forcèrent Godefroy de Harcourt à abandonner précipitamment son entreprise, et à reprendre le chemin de Saint-Sauveur-le-Vicomte, sa principale forteresse, où il établit son quartier général, et d'où il s'élançait sur tout ce qu'il croyait tenir au parti de son ennemi. Il quitta Coutances avec tant de précipitation, qu'il laissa une partie de ses machines de siége, espérant peut-être revenir bientôt s'en servir... Pendant long-temps, on conserva dans la cathédrale une des machines, en mémoire de l'heureuse délivrance de cette église.

Le roi de France avait alors, dans Coutances, quelques troupes qui lui étaient dévouées, et que Robert de Clermont commandait. Ce partisan du Roi et quelques autres nobles chevaliers, parmi lesquels on distinguait Raoul de Rayneval, un sire de Réville et un sire de Tréauville, résolurent de marcher contre le château de Saint-Sauveur-le-Vicomte. Aussitôt que Godefroy de Harcourt en fut instruit, il désira vivement sortir de sa forteresse et les rencontrer *sur les champs*. Il assembla tout ce qu'il pouvait avoir de *gens d'armes, d'archers et de compagnons*, et leur annonça qu'il allait *chevaucher* vers l'ennemi. Les deux troupes durent se rencontrer à La Feuillie, à quelques lieues de Coutances, dans un enclos que l'un de nos chroniqueurs appelle un *vignoble*, entouré d'une haie très-forte et très-serrée. A l'entrée de cet enclos se livra

---

(1) Chronique normande, p. 164 au verso.

un combat opiniâtre. Raoul de Rayneval parvint à planter sa bannière au milieu du vignoble. Godefroy de Harcourt tomba mort, percé de deux coups de lance, et la petite troupe de Robert de Clermont, qui perdit un grand nombre des siens dans cette rencontre, resta néanmoins victorieuse. Les soldats du Roi rentrèrent dans Coutances avec leurs dépouilles et leurs prisonniers qu'ils envoyèrent à Paris (1).

Lors du siége que fit de l'enclos de la cathédrale Godefroy de Harcourt, ce monument fut endommagé au point d'être *en voie de cheoir en ruines*, sans les *réparations* et *amendements* qu'on y fit sous les règnes de Charles V et Charles VI. Silvestre de La Cervelle, dès la première année qu'il occupa le siége de Coutances, obtint du Roi, en l'année 1371, une somme importante pour les réparations les plus urgentes de la cathédrale (2). Ces réparations se continuaient encore au commencement du XVe siècle. Dans des lettres de Charles VI, adressées, au mois de juillet 1402, au bailli de Coutances, afin d'exempter les chanoines de cette ville de contribuer aux réparations des murailles et des fortifications, on lit : « Que
« ladite église, la cathédrale, avoit été endommagée et moult
» empirée en plusieurs lieux, pour le fait des guerres et durant
» icelles, et notamment par le siége que nos ennemis mirent
» devant notre dite église qui pour lors étoit forte....., et par
» les pierres d'engin qu'ils jetèrent pour icelle prendre et
» avoir, et a été en voie de choir en ruine.... (3)

La guerre entre la France et l'Angleterre continuait à désoler le pays, lorsque Henri V, roi d'Angleterre, après la journée d'Azincourt, profitant des divisions qui déchiraient la France, et du fâcheux état où la mettait la démence du roi Charles VI, se jeta sur la Normandie et s'empara de plusieurs villes... « En ce temps, descendit le comte de la Marche à
» la Hogue Saint Wast en Coustantin, avec grande compagnie
» d'Anglois. Ils firent moult de dommages au clos de Coustantin.. (4) » Ensuite le duc de Clarence qui parcourait la Basse-Normandie « se départit de Caen pour aller en Coustantin que
» le Roi lui avait donné, lequel était encore à conquester, avec
» lui le sire de Gray, le comte de la Marche et plusieurs autres
» grands capitaines ; et lui furent alors rendues les villes de
» Saint-Lo, de Carentan, Coutances, Avranches et Pontor-
» son (5). » Ce fut *Nicholle Paynel, gardien* de Coutances, qui, par capitulation, remit la ville aux Anglais que comman-

(1) Froissard, Chroniques de France, 2^e partie, liv. 1er, ch. 54 et 55. — Histoire militaire des Bocains, p. 271.

(2) Silvestro assignatæ a rege, anno 1371 die quinta januarii, 600 libræ aureæ pro reficienda ecclesia Constantiensi bellis attrita et imminuta. Gallia christiana, t. XI, p. 887.

(3) Gallia christiana, instrumenta, col. 276.—Demons, Hist. mss. sur Coutances, p. 21.

(4) Chronique, p. 170 au v°.

(5) Chronique, p. 170.— Masseville, t. I, p. 65.

— 26 —

dait le comte de Hantitonne. Cette capitulation est un document historique peu connu, et dont la lecture ne sera pas sans intérêt pour les habitants de Coutances.

« *L'appointement de Coustances.* Cy enssuyt le traitte accord
» et appointement pour la rendue de la ville et cite de Cous-
» tances parle et fait entre tresnoble et trespuissant prince
» Monsieur le Comte de Hantitonne aiant pouair et ad ce com-
» mys et depute de part treshault et tresexcellent prince
» Henry par la grâce de Dieu roy de Fraunce et Dengleterre
» seigneur Dirlande et duc de Normandie nostre souvcrain
» seigneur dune part et Monsieur Nicholle Paynel chivaler
» gardein de ladite ville et cite nobles gens deglise burgois
» manans et habitants dicelle ville et cite d'autre part en la
» forme et manoir qui enssuit. Premierement ledit gardein
» nobles gens deglise bourgois manans et habitants dicelle
» ville et cite bailleront et mettront es mains dudit Mon-
» sieur de Hantitonne come pour et ou nom dudit treshaut
» et tresexcellent roy de Fraunce et Dengleterre nostre souve-
» rain seigneur ladite ville et cite et de tout la mettront en
» lobeissance de notre avant dit souverain par la forme qui
» enssuit. Cest assavoir que lesditz gardain nobles gens deglise
» bourgois manans et habitants d'icelle ville et cite et autres de
» dehors estant a present dedens icelle ville et qui vouldront
» demourer en l'obéissance dudit tresexcellent roy de France et
» Dengleterre nostre souverain seigneur auront et prendront
» tous leurs biens meubles et heritages quils ont ou bailliage de
» Coustentin par en faisant et rendant les devoirs et droitures
» aux seigneurs duez et d'anciencete accoutumez sauf et
» reservez les terres et heritages que le roy nostre souverain
» seigneur suisdit auront donnez ou ottroiez ou devant de ce
» present traitte et accorde si aucuns y soient. Item est dit
» traitte grante et accorde par ledit treshault et puissant prince
» Monsieur de Hantitonne ou nom que dessus avecques lesditz
» gardain nobles gens deglise manans et habitants desdites
» ville et cite que tous ceulx qui sen vouldront aler hors de
» ladite ville et du païs qui a present sont en ladite ville et
» cite soient noble gens deglize bourgois ou autres sen yront
» leur corps saufs saunz ranceon paier et emporteront et em-
» meneront leur chivalx harnois armures et tous leurs autres
» propres biens sauf et excepte tous vivres et articleries.
» Et auront iceulx qui sen vouldront aler terme de vuider
» eux et en aller et emporter leurs ditz biens hors de la
» dite ville c'est a savoir de vuider ladite ville et cite de
» deins trois jours prouschans enssuians de la livrée et
» rendue dicelle. Et icelle vuidenge faite de emporter et
» mettre hors du pays et duchee leurs dits biens dedens six
» jours prouchains dilleuc ensuians se emporter et oster
» le veullent. Item est promis et jure par ladit gardain bailler
» et livrer es mains dudit monsieur de Hantitonne tous les
» Englois Galoys Yrlandois Guyennois et autres qui ou par

» avant du jourduy auroient este subgez hommes lieges ou
» jures dudit tresexcellent roy de Fraunce et Dengleterre sei-
» gneur Dirlande et duc de Normandie nostre dit seigneur si
» ascuns en y a. Item est dit promis et accorde et jure par le-
» dit gardein bailler et rendre es mains dudit Monsieur de
» Hantitonne les corps de tous les prisonniers englois ou
» autres qui ou par avant de ce jour sont prisonniers en
» ladite ville et qui ont tenu la partie dudit tresexcellent
» roy Dengleterre nostre souverain seigneur franchement et
» quittement saunz ascun ranccon poier se aucuns y soient.
» Item est dit traitte et accorde par entre ledit Monsieur de
» Hantitonne ou nom que dessus dune part et lesdits gardain
» noble gens deglise bourgois manants et habitants en ladite
» ville et cite dautre part que tantost et incontinent sans autre
» terme cedit traitte et accorde et graunte la garde et cliefs
» d'icelle ville et cite seront baillez es mains dudit Monsieur
» de Hantitonne pour et ou nom de nostredit souverain sei-
» gneur le roy de France et Dengleterre suisdit. Et affin que
» les choses dessus dites parlees traictees et accordees soient
» tenues enterignees et fermement gardes a toutz jours en la for-
» me et manere que dessus dit et desclorre a la requeste des nobles
» gens deglise bourgois manans et habitants desdites villes et
» citee je Nicholle Paynel chivaler gardein dicelle ville et ci-
» tee faisant fort pour tous iceulx et autres de ladite ville et
» cite pour ma partie en temoing de ce ay mis a ce present
» traitte et accorde le scel de mes armes. Ce fut fait devant
» la barriere de ladite ville et cite le xvj^e jour de mars lan de
» grace mille quatre cents et dixsept (1). »

Coutances, pendant l'occupation anglaise, resta tranquille, et les malheurs de la France ne paraissent pas l'avoir atteinte.

Au milieu de tous les désartres qui affligeaient le royaume, Charles VII, faible et voluptueux, dominé par la passion de l'amour, s'abandonnait aux plaisirs, et se laissait enlever sa couronne, lorsque le ciel suscita, pour le salut de la France, une jeune héroïne, à peine âgée de de 18 ans. Jeanne-d'Arc, née de parents obscurs, s'enflamma de la passion de la gloire. Bientôt l'enthousiasme de son patriotisme pénétra dans toutes les âmes, et réchauffa tous les courages. Guidés par cette hé- roïne, on vit les Dunois, les Poton de Xaintrailles, les Lahire, et plusieurs autres braves gentilshommes, marcher de victoire en victoire. Charles VII reconquit plusieurs parties de ses états, et s'avança vers la Normandie pour la faire rentrer sous son obéissance. En l'année 1449, le duc de Bretagne qui « avoit prins Torigny, Valognes, recueille La Haye-du-Puits » et plusieurs autres places en Coustantin, chevaucha devant » la cité de Coustances avec son armée et là mit le siége.

(1) Extrait du *Rotuli Normaniæ*. Voir aussi le Journal de l'expédition de Henri V, roi d'Angleterre, en Normandie, en 1417 et 1418. Bulletin monumental de M. de Caumont, t. 6, p. 217.

» Mais les Anglois voyans le peuple qui estoit devant eux se
» rendirent le second iour ensuyuant, et en estoit capitaine
» Estienne de Montfort (1). » Les Anglais, au nombre de deux
cents, sortirent avec les honneurs de la guerre et se retirèrent
avec leur commandant Montfort. Geoffroy de Couvrant fut
fait gouverneur de Coutances pour le Roi (2). Lorsque Guillaume Plompton, anglais d'origine, et qui avait été vicomte
de Coutances et receveur des domaines pendant l'occupation
anglaise, quitta la ville, il emporta les lettres, les écritures et
toutes les archives de la vicomté et du domaine de Coutances (3).

Les Anglais qui n'avaient pas encore été chassés de Cherbourg formèrent le siége de Valognes. Aussitôt messire
Geoffroy Couvrant, chevalier et gouverneur de Coutances, fit
connaître au connétable de Richemont l'arrivée de l'ennemi,
dont Jeanne Guichard de cette ville, et Henri de la Villette,
prieur des dominicains, surveillaient les dispositions depuis
qu'il avait abandonné Coutances aux armées du Roi. Mais
bientôt se donna la fameuse bataille de Formigny qui fut suivie de l'expulsion entière des Anglais de toute la Normandie (4).

Louis XI ayant résolu de mettre la royauté *hors de page*,
comme il le disait lui-même, et de porter des coups décisifs
au régime féodal qui tenait les rois en tutelle, se vit tout-à-coup attaqué par plusieurs grands vassaux de la couronne qui,
pour flatter la multitude, colorèrent leur sédition et leur révolte du nom de *Ligue du bien public*. Charles de France, son
frère, duc de Berry, et François, duc de Bretagne, arrivèrent
en Normandie. Plusieurs villes se déclarèrent pour le duc de
Berry. Coutances abandonna la cause de son Roi, et reçut dans
ses murs le duc de Bretagne. Ce fut par une petite porte ou
poterne, qui donnait entrée dans l'enclos de l'évêché, qu'on
dut introduire les troupes de la Ligue (5). Louis XI se rendit
à Rouen où il traita de rebelles les villes qui s'étaient rendues
à son frère. Il fit raser les fortifications, les tours et les murs
qui défendaient Coutances, afin de la punir de l'assistance
qu'elle avait donnée au duc de Bretagne qui suivait le parti du
duc de Berry dans sa rebellion contre la royauté. Ces fortifications et ces remparts qu'on détruisit suivaient la direction
des rues Nieulen, Milon, Passemaire, Filanderie, au Grand et
des Cohues. Ainsi Coutances, dès l'année 1465, cessa d'être

---

(1) Chronique, p. 192 et 199.

(2) Masseville, t. 4, p. 204.

(3) Mss sur les Vicomtes de Coutances, à la bibliothèque de Coutances. — Toustain de Billy, Hist. mss., p. 168.

(4) Cette bataille eut lieu le 15 avril 1450. Voir le savant Mémoire de M. Lambert, Caen, 1824.

(5) Masseville, t. 4, p. 267.— Demons, Hist. mss. sur Coutances, p. 23.

une place de sûreté (1). Restée sans murailles, mais aussi sans ennemis, elle put jouir de plusieurs années de repos.

Guillaume Le Coq, lieutenant-général au bailliage de Coutances, tint, vers cette époque, des assises où furent taxées différentes denrées. On y voit qu'à Coutances le boisseau de froment valait alors trois sols 4 deniers; le boisseau de seigle, 2 sols; l'orge, 20 deniers; l'avoine, 12 deniers; un coq, 15 deniers; une livre de poivre, 6 sols; un cent d'œufs, 4 deniers; 100 anguilles, 4 sols; un mouton, 4 sols; une brebis, 3 sols.(2) Ces détails statistiques, qui datent de quatre siècles aujourd'hui, offrent un certain intérêt et peuvent trouver leur place dans l'histoire de Coutances.

On vit, dans ce temps, se renouveler pour les inhumations dans la ville une difficulté qui déjà avait divisé les églises St-Pierre et le couvent des dominicains. Dès l'année 1391, les dominicains avaient obtenu la permission de recevoir dans leur église les morts de la ville et de les enterrer dans leur cimetière, en payant par arrangement 45 sous tournois de rente à l'Hôtel-Dieu, qui prétendait avoir des droits sur les inhumations qui se faisaient à Coutances. En 1481, il fut convenu que les habitants qui voudraient choisir leur sépulture aux dominicains, auraient cette faculté; mais qu'avant tout leur dépouille mortelle serait présentée à St-Pierre où se ferait l'office (3).

Louis XI mourut le 30 août 1483; il laissa la France remplie d'abus et de désordres. Il fallait les détruire; mais un faible roi de 13 ans et une femme, la dame de Beaujeu, qui régnait pour lui, n'en avaient pas le pouvoir. La convocation des états-généraux parut donc nécessaire. Elle se fit à Tours en 1484. Le bailliage de Coutances y fut représenté par maitre Jehan Pellevé, vicaire de Coutances; messire Raoul de Bailly, chevalier, seigneur du lieu; et maitre Jehan Poisson. L'évèque de Coutances et les autres députés prirent plusieurs fois la parole dans les réunions, et jouèrent un rôle important dans cette grande assemblée de la nation (4).

Le règne de Charles VIII, qui finit avec le xve siècle, ne présente aucun fait qui se rattache à Coutances. Ce Prince, en l'année 1487, visita cette ville en allant faire ses dévotions au Mont-Saint-Michel (5). Mais quoi que ce soit ne rappelle qu'il ait laissé dans Coutances aucun souvenir de son passage. Cependant il pensa à relever les fortifications de la ville;

---

(1) Nullis conclusa mœnibus. Robertus Cœnalis, p. 159 au verso. — Masseville, Etat géographique de Normandie, page 132. — Toustain de Billy et Demons, Hist. mss.

(2) Toustain de Billy, Hist. mss., p. 161

(3) Gallia christiana, t. xi, p. 896, et Le Canu, Hist. des évêques de Coutances, p. 233 et 273.

(4) Documents inédits sur l'histoire de France, Journal des états-généraux.

(5) Masseville, t. 4, p. 353. — Demons, Hist. mss., p. 151.

mais ce projet fut plus tard abandonné. Le Roi se rendit ensuite à Rouen, où il présida les états de Normandie, assemblés selon les coutumes suivies sous les anciens ducs.

Depuis long-temps, les rois cherchaient à détruire les abus de la puissance féodale, et à former des institutions plus régulières. L'organisation des communes avait été un premier bienfait ; l'établissement des tribunaux ne fut pas d'une moindre importance. Depuis Rollon, la justice, en Normandie, avait été rendue par les vicomtes et les baillis, ainsi que par l'échiquier ou parlement ambulatoire qui siégeait à Rouen, à Caen, et le plus souvent à Falaise (1). L'évêque de Coutances, le premier grand chantre, l'abbé de Blanche-Lande, les barons de Hambye, de la Haye-du-Puits, et de Varenguebec, avaient droit de séance à l'échiquier.

Louis XII supprima l'échiquier en 1499 et institua pour la Normandie un parlement qu'il plaça à Rouen (2).

Ce fut Geffroi, évêque de Coutances, qui fut nommé premier président du parlement de Normandie lors de son institution. Pendant les huit années qu'il remplit cette haute et délicate fonction, il s'acquitta de ses devoirs avec tant de justice et de sagesse que le peuple le proclama le grand justicier de Normandie. Nicole Aubert, avocat du roi à Carentan, composa une pièce de vers sur les membres de cette nouvelle cour de justice. Nous donnons ceux qui concernent l'évêque de Coutances :

> Voyant monsieur de Coustances,
> Premier de la Cour principal,
> Tenant grauitez et constances
> En son habit Episcopal :
> Quand il est en son tribunal,
> Il voit en droict plus clair qu'Argus,
> Car il entend les circonstances,
> Et represente vn Licurgus. (3)

Le bailliage et la vicomté de Coutances dépendirent de cette haute juridiction (4). Le bailli de Coutances avait dans tous les chefs-lieux de chaque châtellenie ou vicomté un lieutenant ou bailli, qui jugeait provisoirement les affaires, et dont la juridiction fut un démembrement de celle du vicomte.

La vicomté de Coutances contenait plusieurs sergenteries à épée ou fiefs ayant droit de justice (5). D'après le papier terrier,

(1) Dumoulin, Introd. à l'Hist de Normandie, p. 22.
(2) Masseville, t. 3, p. 42 et 46.
(3) De Bras, Recherches, Antiquitez de la ville de Caen, p. 65 et 348.
(4) Dumoulin, Introd., p. 29. — De Bras, p. 63, 70.
(5) La création des sergenteries était aussi ancienne que celle des autres fiefs de la province; c'était la récompense militaire, *prædia militaria*, des premiers guerriers qui conquirent la Normandie. Leurs fonctions étaient de maintenir par la force des armes et de conserver les droits de la justice dans toute sa splendeur. Merlin, Répert., v° *Sergenterie*.

dressé par ordre du Roi, en l'année 1540, la juridiction de la vicomté de cette ville s'étendait sur des sergenteries ou communes qui ne sont pas comprises dans les limites actuelles de l'arrondissement; et d'autres communes qui en font partie appartenaient à une vicomté voisine. Ainsi, les sergenteries de Saint-Pair, de la Haye-Pesnel. dépendaient de Coutances, tandis que les sergenteries de Varenguebec, de Périers, de la Haye-du-Puits et de Lessay, appartenaient à la vicomté de Carentan (1).

Coutances était de la généralité de Caen; elle devint le siége d'un présidial dont la juridiction comprenait une circonscription de territoire plus grande que celle de l'arrondissement actuel. Ce tribunal connaissait de certaines affaires en dernier ressort. Henri II avait institué le présidial à Saint-Lo; mais cette ville ayant pris parti pour les protestants, le présidial fut transféré à Caen; ce n'est qu'en 1580 qu'il fut définitivement établi à Coutances. Le présidial de cette ville eut toujours une grande réputation d'intégrité.

La ville devint sucessivement le chef-lieu d'un tribunal du contentieux, d'un siége d'élection pour la perception des impôts et des subsides, d'une amirauté, d'une maitrise pour les eaux et forêts, enfin d'un corps de maréchaussée pour la répression du brigandage. Les archers, chargés d'abord d'arrêter les vagabonds et les voleurs, reçurent encore la mission de mettre à exécution les ordonnances du juge, et leurs fonctions ressemblaient beaucoup à celles des gendarmes actuels.

Ces juridictions, différentes dans leurs titres et dans leurs attributions, ne furent pas toutes instituées dans Coutances à la même époque; sans doute aussi leur organisation ne fut pas telle dans l'origine qu'on la vit dans les derniers temps de leur existence; mais à défaut de renseignements précis, nous avons choisi l'époque où le plus grand nombre furent organisées (2).

Ce fut dans le cours du xve siècle que Geffroi, évêque de Coutances, fit construire l'église actuelle de Saint-Pierre. Cette église existait dès le xie siècle; car il en est fait mention dans une charte du duc Guillaume, à la date de 1056. Plus tard, Raoul, évêque de Coutances, se trouvant à un Concile tenu à Rouen, en l'année 1106, y parla de cette église comme fondée de temps immémorial en l'honneur de l'apôtre saint Pierre, et la signala comme ayant été témoin de plusieurs miracles. *In urbe nostra est basilica in honore beati Petri apostoli ab antiquis temporibus constructa, ubi divinitus multa olim perpetrata sunt miracula* (3). Hugues de Morville,

(1) Coutances renfermait seize sergenteries, 136 paroisses et 22,615 feux.

(2) Dumoulin, introduction, p. 29, 31 et 32.—Basnage, t. 1er, p. 1 et suivantes.—Masseville, t. 1er, p. 130 t. 5, p. 177.— Mss. de Toustain de Billy et de Demons, *passim*.

(3) Orderic Vital, liv. 8.

en l'année 1224, donna à l'Hôtel-Dieu de Coutances l'église Saint-Pierre. C'était un des religieux de cette maison qui la desservait.

Cette église, ayant été ruinée et endommagée pendant les guerres des xive et xve siècles, l'évêque Geffroi employa une partie de ses immenses richesses à sa réédification (1). Ce monument religieux appartient aux derniers temps du style ogival, et il offre, surtout à l'extérieur, des détails d'ornements d'une grande finesse. On peut citer cette église comme un monument d'une belle exécution.

Coutances, qui précédemment avait vu fonder dans ses murs des établissements religieux et de charité, vit s'élever un collège en l'année 1499. Comme les premiers, elle dut cet utile établissement à une pieuse générosité. Jean Helye, prêtre et chapelain de l'église cathédrale, donna une maison, un jardin et une pièce de terre, pour servir de demeure au maître d'école et aux écoliers de la ville qui suivraient ses leçons; plus tard, un autre ami des lettres donna aussi une maison attenant à celle de Jean Helye. Quelques années ensuite, Messire de Tourlaville, abbé de Hambye, devint un des bienfaiteurs de cet établissement. Il lui abandonna 120 écus de rente pour *gager et entretenir cinq régents*. On voit par cet acte que le traitement était aussi modeste que le titre de maître d'école que, dans l'origine, portaient les chefs de cette maison d'instruction (2).

Les élèves qui fréquentèrent ce collège devinrent fort nombreux. Plus d'une fois la police et l'administration eurent à se défendre de leur turbulence, et à soutenir contre eux des luttes sérieuses dans lesquelles force ne resta pas toujours à la loi. Cependant ces élèves se livraient à de fortes études, et le nombre d'hommes illustres qui sont sortis de ce collège prouve que c'était un des établissements d'instruction les plus distingués de la province. On y vit tour à tour l'amiral Tourville, l'une des gloires de la marine française; Saint-Evremond, cet homme dont la vie fut assez heureuse pour trouver dans les lettres des consolations aux jours de l'adversité et de l'exil; Le Gentil-de-la-Galaisière; l'astronome Delalande; Lebrun, archi-trésorier de l'empire, dont la statue va embellir une des places de cette ville; et beaucoup d'autres qui ont aussi parcouru une brillante carrière dans les sciences et dans les arts.

Le collège de Coutances a la gloire d'avoir eu dans son sein comme élève, comme maître et comme chef, un homme qui offre un des exemples les plus frappants de ce que peuvent le mérite et le travail, la science et la vertu. M. l'abbé Daniel (3)

---

(1) Hist. mss. de Demons.

(2) Hist. mss. de Demons et celle de Toustain de Billy.

(3) Aujourd'hui, Recteur de l'Académie royale de Caen, haut titulaire de l'Université et officier de la Légion-d'Honneur.

fit ses études au collège de Coutances, y professa avec distinction, et dirigea ensuite l'établissement avec cette capacité administrative que, plus tard, il a déployée sur une plus vaste échelle, et qui en a fait un des hommes les plus éminents de l'Université. Aujourd'hui le collége de Coutances a pour chef et pour professeurs des hommes dont la capacité et l'instruction solide et variée ont donné une heureuse impulsion à l'étatablissent et l'ont élevé à un grand état de prospérité. Une adminisiration municipale, éclairée et animée d'un ardent amour pour le progrès social, les seconde avec zèle et intelligence. Le collége monumental, grandiose, que la cité vient d'élever, ce temple d'un aspect imposant, embelli par une vue pittoresque et animée, qu'elle a ouvert aux lettres et aux sciences, mérite toute la confiance des familles et le bienveillant concours de la haute administration.

Les soixante premières années du XVIe siècle n'offrent aucun événement historique intéressant Coutances. François Ier visita cette ville en l'année 1532. Ce fut le dimanche 21 avril que le Roi fit « sa joyeuse entrée en cette ville avecques de » grandes magnificences et solennités. » Des députations du clergé, de la noblesse, de la justice et des bourgeois allèrent le recevoir au pont de Soule au son des cloches et à la lueur d'une brillante illumination. Le Roi était à cheval, et le Dauphin *chevauchait* à ses côtés ; à l'entrée de la ville, le Roi descendit de cheval et se plaça sous un dais qui était porté par Robert Desmaisons, Gilles Blondel, Guillaume Lepetit et Nicolas Legrand, que les notables avaient choisis. Venaient ensuite plusieurs cardinaux et des évêques ; des princes et des seigneurs de la *gentille cour du plus gentil royaume du monde.* Dans la grande rue, sur un bel et grand amphithéâtre qu'entourait la milice bourgeoise, le Roi fut reçu par les représentants des trois ordres, *à savoir, le clergé, la noblesse et le labour*. Nicolas Cardier, avocat, le harangua. Il se rendit ensuite à la cathédrale au son de la musique, au bruit des cloches et des décharges de mousqueterie. Après que le Roi eut fait ses dévotions, le clergé, en habits de solennité, le conduisit au palais épiscopal où il resta plusieurs jours. Pendant son séjour à Coutances, François Ier rendit la justice, reçut plusieurs députations, et admit les seigneurs du pays à lui rendre foi et hommage (1).

Quelques années ensuite, le Roi prévoyant que la guerre continuerait entre lui et l'empereur Charles d'Autriche « fist » monstre par les provinces de son royaume de certaines lé- » gions, en la forme des anciens Romains, et commença en » ceste province et duché de Normandie, où il fist faire monstre

---

(1) Hist. militaire des Bocains, p. 343.—Demons, Hist. mss.—Ces détails feront connaître aux Coutançais qui, en 1832, ont reçu dans leurs murs un roi constitutionnel, comment leurs pères recevaient un roi absolu.

» de six mille hommes. Le sieur de Tracy-Pellevé eut la charge
» de ceux du bailliage de Constantin » (1).

Une grande révolution signala le xvie siècle, et sépara de Rome une partie de l'Europe chrétienne. Luther commença l'insurrection en Allemagne ; Calvin fut un de ses principaux chefs. Sous les règnes de François Ier et de Henri II, les doctrines nouvelles se propagèrent avec rapidité. Pour les étouffer, l'autorité employa la terreur et les supplices. Alors les querelles religieuses armèrent les Français les uns contre les autres, et couvrirent la Normandie de sang et de carnage. Coutances, comme les autres villes de la province, devint victime de ces scènes de deuil et de violences qui, pendant plus de trente ans, désolèrent la France. Les protestants étaient maîtres des principales villes de Normandie ; Rouen même venait de se déclarer en leur faveur, et le parlement avait été, par ordre du Roi, transféré à Louviers. Un arrêt fut rendu contre eux, qui les déclarait rebelles et criminels, privés de leurs biens et de leurs dignités ; ordonnait à tous les fidèles sujets de les poursuivre à main armée, de les attaquer et d'attenter à leurs personnes ; privait de toute juridiction les villes, bourgs et villages qu'ils possédaient ; enjoignait à tous les magistrats, juges, gouverneurs et autres personnes constituées en charges et en dignités de jurer qu'ils n'avaient aidé les rebelles d'aucune façon.

Les protestants, qui furent ainsi pendant long-temps l'objet des plus rigoureuses persécutions, exercèrent de cruelles représailles. En l'année 1562, de Bricqueville, marquis de Colombières et de Rabodanges, arriva dans le Cotentin avec 200 chevaux, et se jeta inopinément et avec fureur sur la ville épiscopale qu'il traita en ville prise d'assaut. Après l'avoir pillée, les protestants dévastèrent la cathédrale, et en mutilèrent les statues et les tableaux, les meubles et les ornements. Ils saisirent l'évêque Arthur de Cossé, et l'emmenèrent avec ses prêtres à Saint-Lo, où ils le promenèrent par les rues, couvert d'une vieille jupe au lieu de chape, avec une mitre de papier sur la tête, monté sur un âne, la figure tournée vers la queue qu'on le forçait de tenir en guise de bride (2). Matignon, gouverneur de Cherbourg, força les religionnaires à abandonner Coutances et Avranches (3).

On ne voit dans aucun historien normand que Coutances se soit souillée par des massacres à l'époque de la Saint-Barthélemy. Elle fut sans doute du nombre de ces villes de Basse-Normandie qui « restèrent calmes, tandis que le carnage ré-
» gnait dans les autres provinces » (4). Honneur aux Coutançais qui demeurèrent purs de ces scènes sanglantes, et ne

(1) De Bras, p. 181.
(2) Gallia christiana, t. xi, p. 902. — De Thou, Hist. universelle, l. 30, t. 4, p. 241. — Hist. mss. de M. Demons, p. 96.
(3) Masseville, t. 5, p. 138.
(4) Masseville, t. 5, p. 201.

partagèrent pas ce fanatisme qui alors aveuglait les esprits !
En l'année 1541 naquit à Coutances François Feuardent, qui devint religieux de l'ordre de saint François et docteur de l'Université de Paris. « Il aurait pu recueillir une riche succes- » sion, s'il n'eût mieux aimé vivre sous le froc que porter » l'épée. » Son caractère était si conforme à son nom que jamais la vieille maxime, dit Bayle, *Conveniunt rebus nomina sœpè suis,* n'a été mieux appliquée qu'à lui. Il devint prédicateur fameux et controversiste. Il prit parti pour la Ligue, et prêcha contre Henri III et contre Henri IV. Pasquier (1) proclame Feuardent comme *l'un des plus séditieux prescheurs qui soit dans Paris.* Il publia plusieurs ouvrages et plusieurs commentaires (2).

Il était religieux dans le couvent des cordeliers, à Bayeux, quand les troupes de l'amiral de Coligny entrèrent dans cette ville, en 1562. Elles ravagèrent le couvent et l'église des cordeliers ; elles voulaient, après l'avoir pillée, détruire la cathédrale ; mais Feuardent obtint la conservation de ce beau monument religieux. Sur la fin de ses jours, il revint à des sentiments modérés, et fut, dit L'Estoile, aussi ardent à la concorde qu'il l'avait été à la discorde. Le grand service qu'il rendit aux arts et à la religion, en obtenant la conservation de la cathédrale de Bayeux, méritait un souvenir à cet enfant de Coutances.

Des états-généraux furent convoqués à Blois en l'année 1576 ; Coutances y envoya des députés. Louis de Saint-Gilles, évêque de Porphyre, y représenta le clergé du bailliage de Coutances ; le seigneur de Gratot, la noblesse ; et Gratien Bouillon, le tiers-état (3).

Ce fut au mois de juillet 1577 que le texte de la Coutume de Normandie fut rédigé par ordre du roi Henri III. Plusieurs habitants de Coutances attachèrent leur nom à ce grand corps de lois qui furent réunis sous le nom de Coutume de Normandie, et qui servit de codes à nos aïeux pendant plus de 200 ans. Les députés de la vicomté de Coutances, aux états qui se tinrent à Rouen pour la rédaction de la Coutume générale, furent « maistre Nicolas de Briroy, vicaire général et official » de l'evesque de Coustances ; noble homme Jean Lemarquetel, » sieur et chatelain de Saint-Denis, pour la noblesse de ladite » vicomté ; maistre Gilles Dancel, lieutenant général au bail- » liage de Costantin, et Guillaume Pennier, conseiller au siège » présidial dudit bailliage, pour la justice de la vicomté dudit » Coustances ; et Guillaume de Saint-André, pour l'estat com- » mun de ladite vicomté (4). » Ce fut Guillaume Lambert,

(1) Livre 16 des lettres.
(2) Bayle, Dictionnaire historique, t. 2, p. 468 ; et Moreri, Dictionnaire historique, v° *Feuardent.*
(3) Masseville, t. 5, p. 237.
(4) On peut consulter les procès-verbaux des séances dans le supplément de la Coutume. Berault, p. 44, et Basnage, p. 20.

lieutenant-général du bailliage de Coutances, qui, plus tard, fut chargé de donner au public la première édition de cette Coutume réformée. Il la dédia au duc de Joyeuse, lieutenant-général en Normandie.

Les Coutumes locales furent rédigées en 1586 ; le vicomte de Coutances fut sommé d'indiquer les usages locaux de sa vicomté ; mais il paraît qu'il n'en existait pas, car les habitants de la vicomté furent déclarés déchus du droit d'en alléguer aucun à l'avenir (1). Ainsi, c'était au milieu des désordres politiques que se trouvaient instituées ces lois qui devaient faire cesser dans la province le règne de l'arbitraire.

A la fin de cette année 1586, Coutances et tout le pays souffrirent beaucoup d'une grande disette qui augmenta encore en 1587. Le blé se vendit six livres le boisseau ; l'orge 69 sols et l'avoine 45 sols. Pour comble de désolation, les guerres civiles recommencèrent. Après la journée des barricades, la Ligue s'organisa de toutes parts dans le royaume. La faction des Guise voulait écarter du trône Henri de Bourbon, et la religion était le prétexte qu'elle mettait en avant pour rendre odieux l'héritier de la couronne de France. Dans cette grande lutte, les villes de Normandie se déclarèrent les unes pour le Roi, les autres pour la Ligue. Coutances se fortifia d'abord contre les deux partis, et ensuite se déclara pour la Ligue. Mais le 15 janvier 1590, avant même que Henri IV eût conquis la plupart des villes de la Basse-Normandie, les habitants de Coutances prirent une délibération devant les deux tabellions de la ville, à la suite de laquelle ils se soumirent au Roi, et le prièrent de leur rendre ses faveurs et ses bonnes grâces. Cet acte des Coutançais fut d'autant plus honorable qu'il fut spontané, et qu'un sentiment de crainte ne l'inspira pas (2).

Dans le siècle qui nous occupe et dans les siècles précédents, on voyait à Coutances, ainsi que dans plusieurs autres villes, le peuple, à certains jours de fêtes religieuses, se livrer à des plaisirs, à des jeux et à des spectacles qui, innocents d'abord, dégénérèrent en bouffonneries et en scènes extravagantes. Les temples de la religion n'étaient pas eux-mêmes respectés, et des représentations plutôt facétieuses qu'édifiantes déshonoraient les fêtes du catholicisme. Ainsi, on représentait l'ascension de J.-C. par celle d'un mannequin qu'on hissait dans la tour de la cathédrale ; la descente du Saint-Esprit, par des mèches d'étoupes flambantes qu'on laissait tomber du dôme de l'église. C'était à Noël surtout que ces scènes étaient plus bizarres encore. Elles se nommaient le *jeu de la Nativité*. On conduisait un bœuf et un âne dans l'église pour figurer ceux de l'étable de Bethléem, et jusqu'au pied des autels on parodiait d'une manière indécente l'office divin

(1) Berault, p. 79.—Basnage, p. 38.
(2) Demons, Hist. mss. sur Coutances. p 155.

qu'on célèbre dans la nuit de Noël. Le peuple se livrait avec tant d'ardeur à ces divertissements que les exhortations des prêtres, l'éloquence des docteurs de la foi et l'autorité des conciles ne pouvaient l'en détourner. Les foudres de l'église, qui condamnait et proscrivait ces fêtes et ces représentations, furent long-temps impuissantes. Un évêque de Coutances, Nicolas de Briroy, profita d'une peste qui désola la ville, en l'année 1592, pour abolir le *jeu de la Nativité*. Il donna pour motif de cette sage mesure qu'il n'était pas convenable qu'on se livrât à des plaisirs dans des jours de deuil, et que l'église qui retentissait si souvent de chants lugubres, les interrompit pour les remplacer par des jours de fêtes et des divertissements (1). Les esprits sages du temps ne purent qu'applaudir à la proscription de ces folies ridicules, qui convenaient bien plutôt à des bacchanales profanes qu'à des fêtes religieuses et chrétiennes. Ainsi, on vit le peuple coutançais sacrifier à un simple sentiment de convenance et d'honnêteté publique des plaisirs que n'avaient pu lui faire abandonner des menaces et de nombreuses prédications.

Vers la fin du XVIe siècle, Charles Turgot, homme d'une grande piété, jeta à Coutances les fondements d'une chapelle qu'on appelle *la Roquelle*, de *rupella*, sans doute parce qu'elle est bâtie sur un petit rocher. Elle fut commencée en l'année 1593 ou, selon d'autres, 1596, et elle s'éleva par les soins et sous la direction de François Helye, curé de Saint-Pierre-de-Coutances. Depuis long-temps, le lieu qu'on choisit pour son emplacement était cher à la piété des habitants de la ville, qui, dès l'année 1200, allaient y faire des pèlerinages au pied d'un calvaire. Aussi les Coutançais manifestèrent-ils un grand enthousiasme pour la construction de cette chapelle, et contribuèrent-ils avec ardeur et avec zèle à son édification (2). En parcourant les boulevards, on aperçoit au-dessus du vallon ce petit temple qu'entoure un massif d'arbres verts. Le tableau qu'on a devant soi, quand on visite cette chapelle, alors que le soleil disparait derrière la ville, vous offre plusieurs sites pittoresques, et vous inspire des émotions pleines de charmes.

La dure administration du cardinal de Richelieu, dans les dernières années du règne de Louis XIII, pesa surtout sur la Normandie. Les registres du parlement et de la cour des aides de Rouen, les cahiers des états de la province sont d'irrécusables témoins de la misère, de la détresse et du désespoir auxquels une dévorante fiscalité avait réduit le pays. La gabelle, odieuse aux contrées de la Normandie où elle existait, et appréhendée dans celles où elle ne l'était pas, ayant été établie dans des régions qui, jusque-là, en avaient été exemptes, les populations s'émurent, s'armèrent et s'organisèrent en armée *de souffrance*. C'étaient les redoutables

(1) Le Canu, Hist. des évêques de Coutances, p. 292 et 322.
(2) Le Canu, Hist. des évêques de Coutances, p. 322 et 458.

Va-Nu-Pieds qui, en 1639, menacèrent d'abord, et se livrèrent ensuite à d'odieux attentats et à des actes de violences. Coutances ne resta pas étrangère à ce mouvement d'insurrection. Ce fut même un de ses habitants qui devint la cause involontaire des premières scènes de désordres dans le pays. Poupinel, lieutenant particulier à Coutances, alla à Avranches pour y faire exécuter une commission du parlement de Rouen, qu'il avait obtenue dans une affaire particulière. Aussitôt le bruit se répandit *qu'il estoit arrivé un monopollier et gabeleur*. Poupinel fut attaqué dans les rues et assommé. On lui creva les yeux, et son corps mutilé fut traîné par la ville.

Le receveur des tailles à Coutances, *Charles Nicolle*, instruit de ce qui se passait à Avranches, et craignant pour lui-même le sort de Poupinel, arma ses domestiques et autres gens. Ceux-ci ayant entendu sonner pour un baptême à l'église Saint-Pierre, crurent que c'était le tocsin; ils sortirent en armes, et, pensant trouver des ennemis dans les personnes qu'ils rencontrèrent, ils en tuèrent deux et en blessèrent plusieurs autres. Alors le peuple s'amenta; il brûla la maison du receveur, et traîna pendant trois jours à la queue d'un cheval le corps de Goaslin, beau-frère de Nicolle.

Richelieu, devant qui tout fléchissait, instruit de ces actes de violence, envoya le maréchal Gassion en Basse-Normandie avec des troupes pour réduire les rebelles, et le chancelier Séguier, avec mission de rétablir l'autorité royale méconnue, et de faire bonne et prompte justice des coupables.

Le chancelier Séguier arriva à Coutances au mois de mars 1640. A son entrée dans la ville « il fut importuné par les cla-
» meurs des femmes, lesquelles à genoux ont crié : *miséri-*
» *corde* », et demandaient la délivrance de leurs maris. Ensuite il fit arrêter le vicomte de Coutances « lequel ayant esté man-
» dé par Mgr le chancelier, et s'estant présenté à luy avec sa
» robbe et bonnet, come il alloit tenir sa juridiction, ledict
» Sr Picot fut commandé de le mener prisonnier; et come
» le dict vicomte, sans s'estonner, eust dict qu'il estoit prest
» de rendre compte de ses actions, mondict seig^r le chance-
» lier luy dict *qu'il le feroit estant en estat.....* Les eschevins
» avoient esté emprisonnés dez le jour précédent. »

Quelques jours après son arrivée, le chancelier fit placer une potence à quatre au marché au blé « ce qui donna grande
» terreur à tout ce peuple. » Les officiers non interdits du pré-
sidial jugèrent les principaux prisonniers « desquelz l'un fut
» condamné à la roüe, pour avoir assisté à l'action de Goaslin;
» les aultres à la corde pour les séditions de la ville et pil-
» lement de la maison de Nicol, receveur des tailles, entre
» lesquelz estoit le tambour de la ville. » Ils accusèrent plusieurs gentilshommes du pays, ainsi que le lieutenant-général du bailliage et le vicomte de la ville qui furent arrêtés. Mais, avant de mourir, les condamnés se rétractèrent. « Le
» même jour fut arbitré le desdommagement du dict Nicole à

» 3,000 liv. en quoy les ruines de sa maison n'entroient que
» pour 2,000 liv. ou environ, bien qu'il demandast somes
» beaucoup plus grandes (1). »

Dans plusieurs églises cathédrales, les évêques, le jour de leur réception, observaient certaines cérémonies. Coutances avait aussi son cérémonial et ses usages. Nous devons un souvenir à ce qui se passa lors de l'installation de Claude Auvry, en l'année 1647. Le gouverneur de Coutances, M. de Costentin, alla à la rencontre de l'évêque à la tête d'un détachement de cavalerie et le harangua. A peu de distance de la ville, une députation des membres de la vicomté et de l'élection le salua de deux nouvelles harangues, *étudiées en l'école de Minerve.* Les échevins, accompagnés d'un corps de bourgeois, l'attendaient, tambours battant, mèche allumée, enseignes déployées. L'évêque descendit de voiture aux portes de la ville, et fut harangué au nom des membres du présidial par *Gilles Guerin, écuyer, sieur d'Agon, lieutenant-général criminel au bailliage et siége présidial.* Arrivé devant Saint-Nicolas, il entra dans cette église, parce que la chapelle Saint-Floxel, dite Saint-Maur, était occupée. C'était par la visite de cette chapelle que les évêques commençaient les cérémonies de leur réception. De là, ils se rendaient nu pieds à la cathédrale, lorsque le temps et la saison le permettaient. Après avoir pris possession de son église et prêté, la main sur le livre des Evangiles, serment « de conserver les droits, priviléges, honneurs, libertés,
» coutumes, statuts de son église, de la cathédrale et du cha-
» pitre, » il assista à la messe. Pendant l'office, « la musique
» joua les plus jolis airs du monde, et les mousquetaires firent
» retentir les alentours de la cathédrale de l'escopeterie la
» plus agréable qui se soit jamais entendue. » L'évêque sortit par la petite porte Saint-Georges et entra dans son palais. « La
» ville fit présenter à sa table, par ses échevins, le pain et le
» vin.... En ce jour, il régala d'importance les sieurs du cha-
» pitre, et le lendemain il festoya messieurs du présidial. »

M. de Gonneville, suivant les aveux de sa terre, tint l'étrier à l'évêque lorsqu'il descendit de cheval, et le servit à table. La haquenée de l'évêque et la coupe d'or dont il se servit lui étaient dues pour ce service ; il les reçut, et les rendit aussitôt *avec la plus grande courtoisie.* Messieurs de la Pommeraie marchaient devant le prélat, pour faire ouvrir le passage à l'entrée de son palais. Ils lui présentèrent deux couteaux et quatre fers à cheval, service obligé de leur seigneurie (2).

Pendant les guerres de la Fronde, Coutances, écoutant les conseils de son premier pasteur, resta fidèle à la cause du Roi, et conserva la paix, que garantit la soumission aux lois de

(1) Ces détails sont extraits du Diaire ou Journal du voyage du chancelier Séguier, en Normandie, 1639, 1640, p. 301 à 315.

(2) Triomphe de l'église de Coutances, par Hilaire de Morel. — Le Canu, Hist. des évêques de Coutances, p. 339.

son pays. Il est vrai que Claude Auvry, alors évêque de cette ville, constant dans son amitié pour Mazarin, lui prêta, contre le parti de la Fronde, l'autorité de sa parole et le secours de ses armes. Plusieurs fois on le vit parcourir les rues à cheval, armé de toutes pièces, dispersant les séditieux, et maintenant l'ordre et le calme dans Coutances (1).

Trois maisons religieuses s'élevèrent successivement dans Coutances pendant la première moitié du xviie siècle. Deux habitants de cette ville, Helloüin, receveur des tailles, et Clerel, archidiacre, fondèrent un couvent de capucins sur un terrain que donna le chapitre. Ce fut au mois de juin 1647 que fut posée la première pierre de cet établissement religieux. L'église ne fut achevée qu'en 1624 (2). Les capucins ont subsisté en cette ville jusqu'à la révolution. Depuis leur suppression, l'église du couvent a été transformée en halle pour les grains.

Quelques années plus tard, Marthe de Malherbe, veuve de François de Sarcilly-de-Brucourt, établit en cette ville une abbaye de bénédictines sous l'invocation de Notre-Dame-des-Anges. Cette maison, dont l'origine remonte à l'année 1633, ne fut d'abord qu'un simple prieuré dépendant de l'abbaye de Vignatz, près Falaise; mais en 1661, ce prieuré fut érigé en abbaye, et Charlotte-Scolastique Carbonnel-de-Canisy en fut la première abbesse. Cette abbaye n'eut jamais que de faibles revenus; et jusqu'en 1730, l'abbesse se trouva hors d'état de bâtir une maison convenable pour son logement et celui de ses religieuses. Alors on était loin de ces temps de pieuse exaltation où les monastères, dès les premiers jours de leur fondation, obtenaient de nombreuses libéralités et d'immenses revenus. Mais Mme de Montfarville, voyant la misère menacer d'anéantir la maison de Notre-Dame-des-Anges, et voulant devenir sa bienfaitrice, lui donna des sommes importantes qui servirent à faire construire ces bâtiments qui, depuis, ont été convertis en palais-de-justice, et servent aujourd'hui aux séances des tribunaux (3).

Les Eudistes, en l'année 1650, furent appelés à Coutances pour prendre la direction du séminaire. Leur établissement dans la ville éprouva divers obstacles; cependant ils parvinrent à fonder une maison qui, à peine achevée, devint la proie des flammes. Mais bientôt elle sortit de ses cendres plus belle et plus vaste (4). L'Administration municipale de Coutances pense à faire de l'église des Eudistes la chapelle du nouveau collège, dont elle a si généreusement doté le pays.

Deux princes étrangers, Charles II, roi d'Angleterre, et Jacques, son frère, duc d'York, passèrent par Coutances dans

(1) Le Canu, Hist. des évêques de Coutances, p. 343.
(2) Gallia christiana, t. xi, p. 904.—Masseville, t. 6, p. 354.—Le Canu, Hist. des évêques de Coutances, p. 323 et 326.
(3) Gallia christiana, t. xi, col. 935. Demons, Hist. mss. de Coutances.—Le Canu, Hist. des évêques de Coutances, p. 343.
(4) Gallia christiana, t. xi, p. 906.—Le Canu, Hist. des év. de Cout., p. 343.

le cours du xviiᵉ siècle. Après la mort de Charles Iᵉʳ leur père, ils luttèrent en vain contre les armées victorieuses de Cromwell. Errants et proscrits dans leur patrie, cherchant un asile et n'en trouvant pas, se cachant dans les cavernes ou sur le sommet des arbres, ils traversèrent l'Angleterre, et arrivèrent en France au milieu de mille dangers. Tolérés, plutôt que reçus avec les égards qu'on doit au malheur, ils quittèrent la France aussitôt qu'ils crurent l'instant favorable pour retourner dans leur patrie. Ils revenaient de la cour de France, lorsqu'ils passèrent par Coutances. Claude Auvry alla les recevoir à l'entrée de sa ville épicopale, et les conduisit dans son palais. Le lendemain, ils se rendirent à Blainville, où ils s'embarquèrent pour Jersey sur des vaisseaux hollandais (1).

De tous temps, et dans tous les États, les gouvernements ont fait procéder à des recensements de la population. Cette pensée, utile et profonde, a pour objet surtout de pouvoir obtenir une appréciation exacte des forces de l'Etat, ainsi que les moyens de répartir équitablement les charges de l'impôt et du service militaire. M. de Matignon, lieutenant-général pour le Roi en Basse-Normandie, ordonna, au mois de septembre 1666, un dénombrement de la population. Le procès-verbal dressé à Coutances constate qu'il y avait alors dans la ville 1119 feux : 144 pour le clergé, 62 pour la noblesse, 82 pour les magistrats et officiers publics, 85 pour les veuves qui n'étaient pas nobles, et 746 pour les bourgeois, manants et habitants. On voit par cet acte qu'à l'époque du recensement le collége se composait du principal et de cinq régents (2).

Pendant plusieurs siècles, ce fut un vicomte qui, en Normandie, gouverna chaque ville, ainsi que la vicomté. Ce titre n'était point héréditaire, et le prince l'accordait à quelque puissant vassal comme une récompense pour de grands services rendus. Ces hommes d'armes, peu familiers avec les lois et les usages civils, administraient fort mal les villes en temps de paix. Aussi, les bourgeois, qu'ils traitaient avec peu d'égards, réclamaient souvent auprès des princes, afin d'obtenir une administration plus douce et plus paternelle. Déjà Louis-le-Gros s'était montré favorable aux libertés bourgeoises, et, à son exemple, Louis VII avait amélioré aussi le gouvernement des communes.

La Normandie, sous les rois d'Angleterre, avait conservé ses anciens usages, et les abus s'étaient perpétués au milieu des guerres continuelles qui avaient agité cette province. Mais l'établissement des communes et des corps de bourgeoisie était une amélioration si importante que la Normandie voulut jouir aussi des bienfaits de l'émancipation communale. Les villes, qui virent dans ces institutions un nouvel obstacle aux prétentions des seigneurs et du clergé, réclamèrent les privilèges

(1) Le Canu, Hist. des évêques de Coutances, p. 342.
(2) Voir le procès-verbal à la bibliothèque de la ville.

attachés au droit de commune. Elles trouvaient dans ces concessions des garanties analogues, pour le temps, à celles que nous offrent nos lois constitutionnelles ; et ces priviléges de la cité faisaient sur l'esprit des bourgeois plus d'impression que n'en font aujourd'hui nos lois municipales et toutes celles qui confèrent un droit électoral. Coutances ne réclama pas le droit de commune, et elle continua d'être administrée suivant les anciennes formes. Ainsi, à l'époque de l'entrée de François Ier dans la ville, et lors d'une délibération de 1590, prise par les habitants pour faire leur soumission à Henri IV, il n'est fait mention ni du maire ni des échevins. Plus tard encore, quand des réjouissances furent ordonnées pour la prise de La Rochelle, le chapitre fit les frais du feu de joie, et ce fut un de ses dignitaires qui l'alluma.

Mais enfin la ville obtint de nommer trois bourgeois qui, avec le lieutenant-général du bailliage, feraient la répartition des impôts et seraient chargés de préparer le logement des gens de guerre. Ces trois bourgeois prirent le nom d'*échevins*, et formèrent un nouveau corps, présidé par le lieutenant-général. Le procureur-du-roi près le bailliage assistait à toutes les assemblées, et le greffier tenait les registres.

Bientôt les échevins représentèrent au Conseil du Roi que l'autorité des membres du bailliage était une usurpation contraire à ce qui se pratiquait dans les autres villes ; que les intérêts de l'Etat, pour le recouvrement des impôts, en souffraient. Ces raisons peu solides réussirent néanmoins ; car, en 1674, il intervint un arrêt qui attribuait aux échevins le droit de faire le logement des gens de guerre et la répartition des impôts à l'exclusion du lieutenant-général. Ce premier arrêt, interprété malignement contre le chef de la justice, servit à en obtenir un autre, en 1677, qui enleva au lieutenant-général du bailliage le titre de *maire* qu'il prenait, et qui composa l'hôtel-de-ville de Coutances de trois échevins, d'un procureur-syndic et d'un greffier. Ces magistrats municipaux étaient élus tous les trois ans dans une assemblée générale et prêtaient serment devant le lieutenant-général du bailliage (1).

L'histoire de Coutances, pendant les dernières années du xviie siècle, n'offre aucun intérêt. Alors cependant, la France était au plus haut point de sa gloire. Louis XIV régnait, et l'Europe entière s'inclinait devant lui ; jamais aucun règne n'avait produit tant de grands hommes, ni tant de merveilles. Cette prospérité même du royaume enlevait à nos villes de province toute leur importance. Lorsqu'elles avaient été le théâtre des guerres civiles et étrangères, on avait noté les combats qui s'étaient livrés dans leurs murs, tous les siéges qu'avaient soutenus leurs places fortes. Mais tout étant devenu calme dans l'intérieur, on reportait ses regards sur une autre scène,

---

(1) Demons, Hist. mss. sur Coutances, p. 141.

et les grands événements du dehors occupaient seuls les esprits. Ces jours de repos domestiques, ces temps de paix, qu'aucun événement ne troublait, continuèrent pour les Coutançais pendant le cours du xviiie siècle. Les annales de la ville deviennent insignifiantes ; et, s'il est vrai que le peuple le plus heureux soit celui qui occupe le moins de place dans l'histoire, le peuple coutançais dut jouir alors d'un bonheur parfait.

Le siége épiscopal de Coutances fut occupé pendant une partie du dernier siècle par un homme doué d'un grand esprit de charité, et qui fonda dans le pays plusieurs utiles établissements. Ange-François de Talaru n'oublia point Coutances. Il fit construire dans le faubourg du pont de Soule, pour les filles pénitentes, une maison qu'il appela *maison de la Madelaine*. Il y plaça quelques religieuses qui ne répondirent pas à ses espérances. La révolution arriva qui ne lui permit pas d'achever tout-à-fait cet établissement (1).

Peut-être paraîtra-t-il extraordinaire de voir les lettres de cachet figurer dans l'histoire de Coutances, et cependant elles doivent y trouver une place. L'évêque, instruit que les chanoines augustins de l'Hôtel-Dieu s'acquittaient mal de leurs devoirs envers les pauvres, désira faire cesser les nombreuses plaintes qui s'élevaient contre eux ; il voulut aussi les contraindre à former une maison pour les enfants trouvés; mais ils s'y refusèrent. Il en résulta une lutte entre l'évêque et les religieux. Le prélat crut pouvoir la terminer par un acte d'autorité. Il obtint donc du Roi la lettre de cachet suivante :
« De par le Roi. Chers et bien aimés, étant informés de l'état
» de votre communauté et de celui de l'Hôtel-Dieu de Cou-
» tances, dont la desserte vous a été confiée, nous vous man-
» dons et ordonnons de plus recevoir à l'avenir aucuns sujets
» au noviciat et à la profession religieuse parmi vous. Si n'y
» faites faute, car tel est notre bon plaisir. Donné à Versailles,
» le 26 avril 1772. Signé Louis. » Cette lettre ne rendit pas les chanoines plus accommodants. Alors l'évêque pensa à les supprimer. Mais n'ayant pas trouvé dans les membres du présidial l'appui qu'il en attendait, il fit révoquer la lettre de cachet, et les religieux consentirent à un arrangement. Ils firent faire à leurs frais des augmentations à un de leurs bâtiments, et y admirent les enfants trouvés (2). Ce bâtiment sert aujourd'hui de caserne à la ville.

Coutances a vu naître dans le xviiie siècle un homme qui, plus tard, devint un célèbre astronome. Le Gentil de la Galaisière, que ses parents destinaient à l'état ecclésiastique, s'éprit tout-à-coup de passion pour l'astronomie, et cette science devint l'unique objet de ses études. Il a publié plusieurs mé-

---

(1) Le Canu, Hist. des évêques de Coutances, p. 367.
(2) Le Canu, Hist. des évêques de Coutances, p. 368.

moires sur différents points d'astronomie. A la demande de l'Académie des sciences, dont il était un des membres les plus célèbres, Louis XV l'envoya à Pondichéry observer le passage de Vénus sur le disque du soleil, passage rare et célèbre qui devait arriver le 6 juin 1761. Il voyagea dans l'Océan indien, visita plusieurs points importants, fit des découvertes et des observations précieuses pour la science. Après onze ans d'absence, il rentra en France et revint dans son pays, où ses parents du Cotentin avaient répandu le bruit de sa mort.

Le premier événement qui annonça dans Coutances les innovations qui ont signalé la fin du dernier siècle, fut l'assemblée des notables en 1787. Après cette réunion, vinrent les états-généraux. L'assemblée, pour la nomination des députés du bailliage de Coutances, eut lieu en cette ville, au mois de mars 1789, dans la nef de l'église cathédrale, sous la présidence de Louis-Antoine Desmarets, seigneur de Montchaton. Les trois ordres, le clergé, la noblesse et le tiers-état y nommèrent des députés pour les représenter aux états-généraux (1).

Pendant que la France traversait des temps malheureux sur lesquels nous nous hâtons de jeter un voile, Coutances ouvrit dans ses murs une bibliothèque publique. Cet établissement se composa d'abord d'ouvrages ayant appartenu aux maisons religieuses supprimées dans le pays, et de ceux que la ville dut à la générosité de M. Rozette de Brucourt. Aujourd'hui cette bibliothèque compte environ 7,000 volumes. L'histoire et la littérature en offrent la partie la plus précieuse; elle renferme aussi des ouvrages sur les sciences. Ses manuscrits ne sont pas nombreux. Il en est trois qui présentent de l'intérêt, parce qu'ils ont pour objet surtout l'histoire du Cotentin et du diocèse de Coutances. L'un d'eux est l'original même, comme le prouvent les nombreuses ratures et corrections dont il est couvert. Elle possède encore quelques éditions de 1480 à 1500. Cette bibliothèque est ouverte tous les jours ; et elle est fréquentée particulièrement par les élèves externes du collége. Elle a pour conservateur M. Julien Le Tertre, homme d'une grande érudition. Animé de l'amour du travail, Il consacre sa vie aux études historiques, et cultive aussi la poésie (2).

Nous avons cherché à faire connaître les faits les plus remarquables de l'histoire de Coutances jusqu'aux premiers jours de la révolution de 1789. Nous n'avons redit aucun des événements de cette époque, et l'on appréciera facilement les motifs de notre silence. Pourquoi rappeler des faits qui vivent

---

(1) On peut consulter le procès-verbal des séances, 1 vol. in-4°.

(2) L'administration municipale devrait s'occuper à créer à Coutances un musée d'objets antiques. Déjà M. l'abbé Piton-Després a formé avec grande peine une collection qu'il met beaucoup d'obligeance à laisser visiter. Cette collection est précieuse surtout par les objets qu'elle renferme, et qu'on a trouvés dans le pays.

encore dans presque tous les souvenirs, et dont le récit réveillerait peut-être des haines et des passions qui, pour le bonheur de notre belle patrie, s'éteignent chaque jour? La nature de l'ouvrage où nous avons consigné nos recherches historiques ne nous a pas permis de leur donner un plus grand développement. Quoique ce fût des évenements arrivés dans la ville que nous dussions nous occuper, cependant, lorsque l'occasion de rappeler des faits qui se sont passés dans le pays, et qui avaient un rapport un peu direct avec l'histoire de la ville s'est présentée, nous n'avons pas dû les passer sous silence. Le désir de conserver tout ce qui se rattache à l'histoire de Coutances est le seul motif qui nous a fait agir. Si quelques personnes nous blâment, les lecteurs du pays seront sans doute plus indulgents, car c'est surtout pour eux que nous avons écrit.

www.ingramcontent.com/pod-product-compliance
Lightning Source LLC
Chambersburg PA
CBHW060937050426
42453CB00009B/1056